Neue Ausgabe

PERSPECTIVES

Sprachtraining

Französisch

A1

von

Gabrielle Robein

Cornelsen

Perspectives A1 – Neue Ausgabe
Sprachtraining
Französisch

Herausgegeben von Pierre Sommet

Im Auftrag des Verlages erarbeitet von:
Gabrielle Robein

In Zusammenarbeit mit der Redaktion:
Denise Schmidt (verantwortliche Redakteurin),
Dr. Ulrike Litters (Projektkoordination) und Murdo MacPhail (Projektleitung)
Bildredaktion: Nicole Abt
Redaktionelle Mitarbeit: Lena Posingies

Illustrationen: Laëtitia Aynié und Catherine Beaumont (Paris)
Gesamtgestaltung und technische Umsetzung: Klein & Halm, Berlin

www.cornelsen.de

1. Auflage, 1. Druck 2010

Alle Drucke dieser Auflage sind inhaltlich unverändert
und können im Unterricht nebeneinander verwendet werden.

Druck: Himmer AG, Augsburg

ISBN 978-3-06-520168-1

Inhalt gedruckt auf säurefreiem Papier aus nachhaltiger Forstwirtschaft.

Inhaltsverzeichnis

BONJOUR !

Vocabulaire

1 Ergänzen Sie die Vokale. Um welche französischen Regionen handelt es sich?

1. la Pr__v__nc__
2. la Ch__mp__gn__
3. la T__ __r__ __n__
4. l' __ls__c__
5. la N__rm__nd__ __

2 Welche Wörter verstecken sich im Buchstabendurcheinander der Sprechblasen?

Grammaire

3 Buchstabieren Sie folgende Wörter. Welche Buchstaben werden anders als im Deutschen ausgesprochen?

1. B O N J O U R
2. T Y P E
3. Z O O
4. H O L L A N D E
5. K O U G L O F
6. P R O V E N C E

Communication

4 Diese Personen stellen sich vor. Was sagen sie zueinander? Ergänzen Sie den Text.

Lerntipps:

- Arbeiten Sie intensiv mit Ihrem Kursbuch *Perspectives A1*. Lesen Sie die Texte häufiger und hören Sie auch die CD immer mal wieder.
- Wenn Sie Fragen zur Grammatik haben, schlagen Sie auf den *Repères*-Seiten am Ende der jeweiligen *Unité* oder im Grammatikteil im Anhang des Kursbuchs nach.
- Schaffen Sie sich eine angenehme Arbeitsatmosphäre. Hängen Sie z. B. ein paar Ihrer Lieblingsbilder aus Frankreich in Ihrem Arbeitszimmer auf. Wenn Sie beim Arbeiten gern Musik hören, legen Sie doch einfach eine französische CD ein.
- Schlagen Sie die Vokabeln nach, die Ihnen wichtig erscheinen und schreiben Sie sie auf Vokabelkärtchen. Schauen Sie sich diese Karteikarten regelmäßig an, zum Beispiel beim Busfahren.
- Verzweifeln Sie nicht gleich, wenn Ihnen einige Dinge schwierig erscheinen. Sie sind gerade am Anfang Ihres Sprachtrainings. Haben Sie etwas Geduld, mit jeder weiteren Übung wird Ihr Weg zum Erlernen der französischen Sprache einfacher. Wenn Sie Schwierigkeiten haben, fragen Sie doch auch einmal die anderen Kursteilnehmer/innen oder Ihren Kursleiter/Ihre Kursleiterin.
- Die Seiten *Pour approfondir* sind fakultativ. In der Rubrik *Plaisir de lire* werden Ihnen authentische Texte präsentiert, mit denen Sie Ihre Lesestrategien weiterentwickeln können. Durch die *Autoévaluation* wird Ihnen bewusst, welche Kenntnisse Sie bereits erworben haben und welche neuen Ziele Sie ins Auge fassen sollten.

Unité 1 ÇA VA ?

Vocabulaire

1 **Der Computer hat bei folgenden Sätzen alle Zeichen entfernt. Trennen Sie die Wörter und fügen Sie die richtige Zeichensetzung ein.**

Bonjourcestvouslepapademathieu?

Ouicestçaetvousvousetesmadameschneider?

1

Salutjemappellesophie.

Moijesuisvalentinetvoilatobiilesttressympa.

2

2 **Finden Sie die fehlenden Buchstaben, die die jeweiligen Symbole ersetzen.**

● : ____ ✦ : ____ ✻ : ____

★ : ____ ♥ : ____ ▲ : ____

3 Das gibt es nicht! Ihre kleine Nichte hat elf Ihrer Vokabelkärtchen zerschnitten. Finden Sie alle Wörter wieder?

de | au re | ai | bon | fant | jour | sieur
en | bon | su | com | voir | main | soir | ment
gen | mer | mon | der | til | per | ci

____

____

Grammaire

4 Ordnen Sie zu! Ergänzen Sie zum besseren Einprägen auch die Singular- bzw. Pluralform.

le	la	l'	les

champagne | amour | baguette | camembert | châteaux | école
maisons | chéri | papa | chérie | mousse au chocolat | enfants

⚠ Wörter, die auf *-eau* enden, bilden den Plural auf *-x*: *le château* → *les châteaux*
Ausprache: *les maisons* [lemɛzɔ̃], aber *les enfants* [lezɑ̃fɑ̃]

5 Welche Form/en von *être* …

1. ist die kürzeste? ______
2. ist die längste? ______
3. werden ähnlich ausgesprochen?
   ______, ______
4. enthält ein *i*? ______
5. enthalten ein *o*? ______, ______

6 Ergänzen Sie die Formen von *être*.

1. Elle ______ sympa, la maman de Caroline ?
2. Je ______ de Munich.
3. Salut, nous ______ Jacqueline et Marcel.
4. Les enfants ? Ils ______ à l'école.
5. Oh ! Tu ______ en pleine forme !
6. Bonjour. Vous ______ madame Lopin ?

Communication

7 Bringen Sie die Sätze in die richtige Reihenfolge und bilden Sie einen Dialog.

A. Bonjour. Non, moi, je suis le papa de Léo ! ☐

B. Ah, le papa de Léo ? Vous êtes monsieur Dubail ? ☐

C. Bonjour monsieur, vous êtes le papa de Noémie ? *1*

D. Oui, c'est ça ! Et vous, vous êtes qui ? ☐

E. Ah ! Carine est très sympa ! ☐

F. Je suis madame Blondot, la maman de Carine. Ou simplement Nadège ! ☐

8 Was passt zusammen? Verbinden Sie.

1. Bonjour.	a. Enchanté, madame.
2. Bon, à demain.	b. Oui, c'est ça, au revoir.
3. Ça va ?	c. Très bien, merci. Et vous ?
4. Voilà madame Pierrot.	d. Ah, salut !
5. Comment allez-vous ?	e En pleine forme ! Et toi ?

9 Welche Antworten wählen Sie in folgenden Sprachsituationen? Kreuzen Sie an. Mehrere Antworten sind möglich.

1. Je peux vous aider ?
   a Oui, c'est gentil merci. b Non merci, ça va. c Très bien. Et vous ?
2. La famille, ça va ?
   a Bof. b Elle est à la maison. c Oui, merci.
3. Bonjour. Moi, je suis Céline. Et toi ?
   a Je suis de Paris. b Moi, c'est Paul. c Il s'appelle Pierre.
4. Il est sympa, le professeur ?
   a C'est sympa ! b Oui, super sympa. c En pleine forme !
5. Au revoir !
   a À demain. b Salut ! c Bonjour.

Compréhension

10 Lesen Sie die Dialoge. In welchen Dialogen ...

	a	b	c	d
1. begrüßt man sich?	☐	☐	☐	☐
2. verabschiedet man sich?	☐	☐	☐	☐
3. wird nach dem Befinden gefragt?	☐	☐	☐	☐
4. treffen sich die Personen zum ersten Mal?	☐	☐	☐	☐
5. sprechen die Personen förmlich miteinander?	☐	☐	☐	☐

a
- Salut ma chérie, ça va ?
- En pleine forme ! Et toi ?
- Bof !

b
- Bonjour, je suis madame Durand.
- Madame Durand ? Enchanté. Je suis monsieur Tavernier.

c
- Salut Camille.
- Oui, salut, à demain !

d
- Comment allez-vous ?
- Très bien, merci.

Couleur locale

Die Frage *Ça va ?* und die entsprechende Antwort *Ça va* werden sehr häufig gebraucht und gehören praktisch zu jeder Begrüßung. Auch wenn es der Person nicht so gut geht, antwortet sie mit dem üblichen *Ça va*. Durch Intonation und Mimik kann allerdings das wirkliche Befinden zum Ausdruck gebracht werden. *Ça va* bedeutet auch *Es geht schon, OK!* Als Ausruf heißt *Ça va! Jetzt reicht's aber!*

Unité 2 RENCONTRES

Vocabulaire

1 Ordnen Sie die Getränke den Kategorien zu.

le porto | la limonade | le café crème | le pastis | le vin blanc | le thé | le demi | l'eau minérale gazeuse | le jus d'orange | le coca | l'infusion | le capuccino

Boissons chaudes

____

Boissons froides alcoolisées

____

Boissons froides non alcoolisées

____

2 Welches Wort passt nicht zu den anderen? Streichen Sie es durch.

1. un verre – une carafe – un jus d'orange – une bouteille
2. des clés – un portable – des mouchoirs – une école
3. un ami – une cacahouète – un collègue – un enfant
4. au revoir – volontiers – bien sûr – bonne idée

3 Markieren Sie die Ausdrücke, die in den Wellen versteckt sind. Die nicht verwendeten Buchstaben ergeben eine Nachricht für Sie.

Aidergentilmagasinbrmaisonavocollèguevoulimonadesêttoujoursebanquessupayerdansadministrationperjournalprivé

Nachricht: ________, ________________!

Grammaire

4 Ergänzen Sie die Lücken durch die passenden Formen von *prendre*.

1. Nous ______________ un apéritif.
2. Ma chérie, tu ______________ les enfants à l'école ?
3. Et vous monsieur Chardin, qu'est-ce que vous ______________ ?
4. Moi ? Oh, je ______________ simplement une limonade.
5. Elles ______________ les clés de la maison.
6. Jeanne ______________ un pastis.

5 Ergänzen Sie die Sätze mit *un*, *une* oder *des*.

1. Je te présente Marc et Sylvie, ________ collègues.
2. Qu'est-ce que vous prenez ? ________ limonade ? ________ coca ?
3. C'est ________ amie très sympa !
4. Monsieur, s'il vous plaît ! Je voudrais ________ cacahouètes et ________ bière !
5. Le papa de Matthieu est ________ monsieur très gentil.

6 Bilden Sie Sätze.

Je/J'	travaillent	une mousse au chocolat.
Tu	habite	chez Marcel à Paris ?
Il/Elle/On	désirez	à la SNCF.
Nous	prenons	un café ?
Vous	voudrais	prendre un apéritif.
Ils/Elles	es	en Allemagne.

7 Ergänzen Sie die Lücken mit dem Verb *venir*.

1. Tu ______________ chez moi ?
   Oui, d'accord. Je ______________.
2. Johannes et Angelika ______________ de Hambourg.
3. Nous ______________ de Marseille.
4. Hanna, elle ______________ d'où ? D'Autriche, c'est ça ?
5. Vous ______________ prendre l'apéritif ?

8 Formulieren Sie die Sätze mit *on* bzw. *nous* um.

1. a. Pascale et moi, on habite à Marseille.
   Nous ______________________________
   b. On vient de Lyon.
   Nous ______________________________
   c. On désire un enfant.
   Nous ______________________________
2. a. Georges et moi, nous sommes collègues.
   On ______________________________
   b. Nous travaillons à la SNCF.
   On ______________________________
   c. Nous prenons toujours le café « Chez Eugène ».
   On ______________________________

Communication

9 **Bilden Sie den Dialog der beiden Herren.**

A fragt, wer die Dame ist.
B erklärt, dass es Kerstin ist, eine Kollegin.
A fragt, woher sie kommt.
B erklärt, dass sie aus der Schweiz kommt, aber in Pantin, in der Nähe von Paris, wohnt.
A sagt, dass das toll ist.
B stimmt dem zu und sagt, dass Kerstin sehr sympathisch ist. Er fragt, ob er ihm Kerstin vorstellen soll.
A ist einverstanden und meint, dass das eine gute Idee ist.

C'est qui ? ____________________

... ____________________

____

____

____

____

____

10 **Bilden Sie Sätze.**

1. toujours/une école/tu/près de/Dijon/travailles/dans

____________________ ?

2. c'est/vous/à/Bâle/Suisse/en/habitez/ça

____________________, __________, __________ ?

3. voudrais/je/la/payer/bière/s'il vous plaît

____________________, ____________________ !

4. bouteille d'eau/ils/au supermarché/prennent/une/gazeuse

____________________ .

5. tu/pour/qu'est-ce que/l'/prends/apéritif

____________________ ?

Compréhension

11 Stéphane stellt seine Freunde vor. Lesen Sie den Text und ordnen Sie die Namen den Personen im Bild zu.

« Voilà les amis ! Je vous présente Jean-Luc. Il prend toujours un pastis à l'apéritif ! Il est très sympa ! Miao est l'amie de Jean-Luc. Elle vient de Pékin. Elle habite à Lyon et travaille pour un journal. Frédéric, ou simplement Fred, est un collègue de Miao. Ah, je vous présente aussi Corinne : elle est très élégante ! Le sac rose de Corine vient de chez Christian Dior ! Super, non ?
Et moi ? Je suis où ? »

1 ____________ 2 ____________ 3 ____________

4 ____________ 5 ____________

Couleur locale

In Frankreich wird weniger Mineralwasser mit Kohlensäure als in Deutschland getrunken.
Im Restaurant ist es üblich, eine Karaffe Leitungswasser zu bekommen, auch wenn man keine weiteren Getränke bestellt hat.

1 POUR APPROFONDIR

Plaisir de lire

1 **Sie verstehen viel mehr als Sie denken! Betrachten Sie das Plakat. Kreuzen Sie anschließend die passenden Antworten an.**

Sie müssen nicht alles verstehen! Beschränken Sie sich auf die Kernaussage und stellen Sie Vermutungen an.

1. Es handelt sich um eine Einladung für ein Treffen
   [a] am späten Nachmittag. [b] am Abend.
2. Die Besucher können auf dem Fest
   [a] essen und trinken.
   [b] essen. Getränke werden nicht angeboten.
3. Unter anderem sind geplant:
   [a] traditioneller chinesischer Tanz.
   [b] Animationen für Kinder.

2 **Was hat Ihnen zum Verständnis geholfen? Kreuzen Sie an.**

[a] Das Bild und die Textgestaltung.
[b] Einige Begriffe sind auf Deutsch oder in einer anderen Fremdsprache ähnlich.
[c] Ich habe französische Wörter wiedererkannt, die ich schon kenne.

Autoévaluation

Bearbeiten Sie folgende Aufgaben und vergleichen Sie anschließend mit den Lösungen im Anhang. Für jede richtige Antwort erhalten Sie einen Punkt. Im *Bilan* (S. 15) wird Ihr Ergebnis ausgewertet.

Grammaire

3 **Ergänzen Sie die Sätze mit den Verben in der passenden Form.**

1. Monsieur et madame Schumacher (être) ________ allemands. Ils (venir) ________ de Munich et ils (habiter) ________ à Berlin. Monsieur Schumacher (travailler) ________ dans une administration et madame Schumacher chez Cornelsen.
2. Bonjour, je (être) ________ Sophie. Je vous (présenter) ________ Hans. Hans et moi, nous (être) ________ amis. Hans (venir) ________ de Suisse. Nous (prendre) ________ un verre dans un café.

Punktzahl: ____/9

4 **Ergänzen Sie die Artikel (*un*, *une*, *des*, *le*, *la*, *l'*, *les*).**

1. _____ verre – des verres
2. l'ami – _____ amis
3. une collègue – _____ collègues
4. _____ portable – les portables
5. _____ clé – des clés
6. _____ administration – les administrations

Punktzahl: _____/6

Communication

5 **Sie können bereits in vielen Situationen auf Französisch richtig reagieren! Verbinden Sie die Redeabsichten mit den entsprechenden französischen Ausdrücken. (Mehrere Antworten sind möglich.)**

Ich möchte:
1. jemanden begrüßen.
2. mich oder jemanden vorstellen.
3. Hilfe anbieten. → b
4. Hilfe annehmen.
5. Getränke bezahlen.
6. nach dem Namen fragen.
7. sagen, woher jemand kommt.
8. sagen, wo jemand wohnt.
9. sagen, wo jemand arbeitet.
10. nach dem Befinden fragen.
11. mich verabschieden.
12. sagen, wie es mir geht.

Ich kann sagen:
a. Bonjour !
b. Je peux vous aider ?
c. Manu travaille dans une banque.
d. Vous êtes madame Dufoix ?
e. Ça va très bien.
f. Voilà ma collègue.
g. Je voudrais payer, s'il vous plaît.
h. Moi, c'est Louise.
i. Oui, c'est gentil, merci.
j. Simon est de Vienne.
k. Elle habite à Carcassonne.
l. Il est ingénieur chez Peugeot.
m. Comment ça va ?
n. En pleine forme, merci !
o. Au revoir.

Punktzahl: _____/15

Gesamtpunktzahl: _____/30

Bilan

Sie haben weniger als 10 Punkte:
Schauen Sie sich die Lösungen erneut an. Bearbeiten Sie anschließend die *Unités* im Kursbuch noch einmal, vor allem die *Repères*-Seiten. Haben Sie keine Angst, den Teilnehmern/innen Ihrer Lerngruppe und dem Kursleiter/der Kursleiterin Fragen zu stellen, wenn Sie etwas nicht verstehen. Lösen Sie die *Autoévaluation* noch einmal. Beim zweiten Mal ist es immer einfacher! Überlegen Sie sich, wie Sie am besten lernen können und welche Stärken Sie haben. Bauen Sie darauf auf!

Sie haben zwischen 10 und 20 Punkten:
Sie sind auf dem richtigen Weg! Was haben Sie sich am besten gemerkt? Was macht Ihnen Spaß? Überlegen Sie, wo Sie Schwächen haben und was Sie dagegen tun können. Was möchten Sie noch üben?

Sie haben mehr als 20 Punkte:
Bravo! Sie können gleich mit der nächsten *Unité* anfangen!

Unité 3 AU TRAVAIL !

Vocabulaire

1 **Spielen Sie Bingo. Ordnen Sie die Zahlen, die gezogen wurden, den ausgeschriebenen Formen zu.**

1 | 4 | 13 | 15 | 22 | 51 | 37 | 49 | 68

un *1* | seize | trente-six | trente-sept | soixante-huit | quinze
douze | cinq | soixante et un | quatorze | trente-deux | vingt-deux
quarante-neuf | cinquante et un | quatre | deux | treize

Couleur locale

In der Schweiz und in Belgien wird anders gezählt: 70 *septante*, 80 *huitante* (veraltet auch *octante*) und 90 *nonante*.
Warum zählt man in Frankreich anders? Einer Legende nach hatte Ludwig XIV ein Problem mit dem Altern und wollte ab 69 Jahren kein neues Jahrzehnt mehr anfangen. Er entschied, *septante* durch *soixante-dix* zu ersetzen.

2 **Wie spät ist es? Kreuzen Sie die passende Antwort an.**

1. a Il est neuf heures cinq.
   b Il est neuf heures quinze.

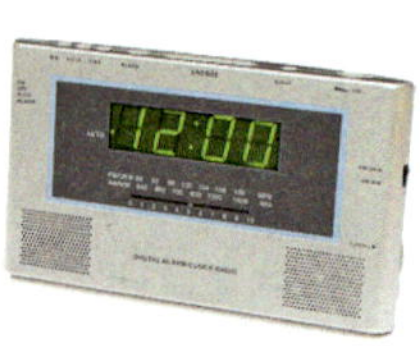

2. a Il est douze heures.
   b Il est deux heures.

3. a Il est quatorze heures quarante-cinq.
   b Il est quatre heures cinquante-quatre.

4. a Il est trois heures treize.
   b Il est treize heures trente.

3 **In diesem Wortgitter sind 15 Berufsbezeichnungen und Positionen versteckt. Markieren Sie die Buchstaben.**

S	L	A	L	U	C	O	N	V	M	A	E	H	E	N
C	I	N	F	I	R	M	I	E	R	S	V	O	T	M
E	B	R	C	P	R	U	F	N	É	S	S	M	E	U
I	R	O	R	S	U	I	D	D	R	I	C	M	C	S
R	A	G	E	A	B	C	H	E	F	S	U	E	H	E
E	I	P	T	O	U	É	T	U	T	T	P	A	N	C
S	R	É	R	T	E	U	N	S	G	A	A	U	I	R
P	E	T	A	O	U	S	L	E	S	N	E	F	C	É
O	A	M	I	S	N	E	D	I	P	T	N	O	I	T
N	T	P	T	C	A	R	M	O	I	M	N	Y	E	A
S	R	A	É	T	U	D	I	A	N	T	E	E	N	I
A	F	O	N	C	T	I	O	N	N	A	I	R	E	R
B	A	I	N	G	É	N	I	E	U	R	R	I	C	E
L	U	I	N	F	O	R	M	A	T	I	C	I	E	N
E	E	M	P	L	O	Y	É	G	L	L	O	Q	U	I

Grammaire

4 **Tragen Sie die folgenden Formen von *avoir*, *comprendre*, *pouvoir* und *parler* in die Tabelle ein. Ergänzen Sie anschließend die Lücken.**

peux | parles | comprennent | a | peux | comprend | avons | parlez

ai | parlons | ont | comprenez | comprenons | pouvons | parlent | peut

	je/j'	tu	il/elle/on	nous	vous	ils/elles
avoir						
comprendre						
pouvoir						
parler						

5 **Ergänzen Sie die Formen von *être* oder *avoir*.**

1. Vous ________ l'heure, s'il vous plaît ?
2. Il ________ allemand ?
3. J'________ deux enfants : Théo et Liselle.
4. Ils ________ à Paris : ils ________ un entretien la semaine prochaine chez France Télécom pour un stage.
5. Tu ________ un agenda ? Mardi, à 11 heures, tu ________ à la maison ou tu travailles ?
6. Nous ________ chez Fabrice : c'________ son anniversaire. Nous ________ une bouteille de champagne.

⚠ Achten Sie auf die Aussprache: *ils‿ont* [ilzɔ̃], aber *ils sont* [ilsɔ̃].

6 **Émilie bekommt einen Anruf von der Sprachschule ELIP. Lesen Sie den Dialog und kreuzen Sie das passende Wort an.**

– [a] Allô ? [b] Salut ?
– Bonjour, c'est l'ELIP à [c] la communication [d] l'appareil, École de Langues Internationale de Provence. C'est à propos de votre demande pour un cours d'allemand.
– Ah, oui ! Super !
– Vous parlez [e] aussi [f] un peu allemand ?
– Non, mais je parle d'autres langues.
– Ah oui ? Vous parlez quelles langues ?
– Je parle très [g] bien [h] beaucoup anglais.
– Formidable. Vous pouvez [i] venir [j] prendre pour un test, euh attendez, ne [k] comprenez [l] quittez pas, mardi à 10 heures ? [m] Comment ça va ? [n] Ça vous va ?
– Volontiers.

Communication

7 Schauen Sie sich die Bilder an und sprechen Sie über Alfred.

habiter (Paris)

avoir (trois enfants)

parler

travailler (restaurant) / commencer

terminer

prendre (bière)

8 Welche Fragen wurden gestellt?

1. 💬 *Qu'est-ce que...* ____________________?
   Je suis responsable du service marketing.
2. 💬 ____________________?
   La pause café ? À dix heures trente.
3. 💬 ____________________?
   On dit « Guten Tag ».
4. 💬 ____________________?
   Oui, 10 heures, c'est parfait.
5. 💬 ____________________?
   Nous travaillons 30 heures par semaine : nous commençons à 8 heures et nous terminons à 15 heures. Nous avons une pause d'une heure pour le déjeuner.
6. 💬 ____________________?
   Oui, je parle couramment anglais. Et j'apprends l'espagnol.

Compréhension

9 Lesen Sie die Aussagen auf Deutsch. Bearbeiten Sie anschließend den Zeitungsartikel und kreuzen Sie V (*vrai*) oder F (*faux*) an. Sie brauchen nicht jedes Wort zu verstehen!

Comment travaillent les Européens ?

Dans les pays d'Europe, les rythmes et les horaires de travail sont différents.

Les Espagnols commencent le travail vers 9 heures 30 et prennent le déjeuner entre 14 et 15 heures. Ils terminent le travail vers 19 heures 30. Ils dînent vers 22 heures. La semaine de travail ordinaire est de 40 heures.

En France, les travailleurs commencent à 9 heures. Ils terminent vers 19 heures. À 12 heures, ils prennent une heure (parfois deux !) de pause pour le déjeuner : un rituel important au pays de la gastronomie ! Ils mangent à la cantine de leur entreprise ou dans des petits restaurants. Les Français travaillent 35 ou 40 heures par semaine.

En Allemagne, il y a des contrastes régionaux. En général, les Allemands travaillent 8 heures par jour (de 7 heures 30 ou 8 heures à 17 heures, avec une pause de 30 minutes pour le déjeuner) et 40 heures par semaine.

Normalement, les Européens ne travaillent pas le dimanche.

1. Die Spanier arbeiten zwischen 9:00 und 22:00 Uhr. V ☐ F ☐
2. Die Franzosen machen eine kurze Mittagspause. V ☐ F ☐
3. Unter den Europäern arbeiten die Franzosen am meisten. V ☐ F ☐
4. Die Franzosen fangen früher als die Deutschen an zu arbeiten. V ☐ F ☐
5. Die Franzosen machen eine längere Mittagspause als die Deutschen. V ☐ F ☐

Unité 4 J'AIME...

Vocabulaire

1 Ergänzen Sie die in den Adjektiven fehlenden Vokale.

1. Sui est un étudiant ch__n___ ___s. Il est gr___ nd et m___ nc___. Il est très ___nt___ ll___g___nt et super s___ mp___.
2. Mon amie Shelly est ___m___r___c___ ___n___. Elle est bl___nd___, p___t___t___, ch___rm___nt___! Elle aime la musique cl___ss___q___ ___ et le jazz. C'est une femme ___nt___rr___ss___nt___.
3. Jürgen est ___ll___ m___nd. Il aime la cuisine ___t___ l___ ___nn___. Il est très g___nt___l! Il parle fr___nç___ ___s mais avec un accent ___tr___ng___r ___d___r___bl___!

2 Finden Sie den bestimmten Artikel für folgende Wörter und ordnen Sie sie den Bildern zu.

- _____ poisson ☐
- _____ arbres ☐
- _____ ville ☐
- _____ fleurs [6]
- _____ frères ☐
- _____ parents ☐
- _____ lycée ☐
- _____ campagne ☐

Grammaire

3 Paul und Pauline sind Zwillinge. Vervollständigen Sie die Beschreibung der Geschwister.

Paul	*Pauline*
Il est français.	Elle est française.
Il est informaticien.	Elle est ____________________.
Il est ______________ et ______________.	Elle est intelligente et charmante.
Il est très sympa.	Elle est très ____________________.
Il est ______________ et ______________.	Elle est grande et mince.
Il est blond.	Elle est ____________________.

4 Ergänzen Sie die Formen von *faire*.

1. Et monsieur Chalis, qu'est-ce qu'il __________ dans la vie ?
2. Elles __________ un sport fatigant.
3. Dimanche, nous __________ une petite fête à la maison avec des amis.
4. On __________ la cuisine ? Je __________ la salade et tu __________ les spaghettis, d'accord ?
5. Vous __________ un travail intéressant ?

Couleur locale

Am 21. Juni findet in Frankreich jedes Jahr die *Fête de la Musique* statt, ganz nach dem Motto *Faites la fête !* (*Feiern Sie!*).

5 Welche Form/en von *vouloir* ...

1. klingen ähnlich? __________, __________, __________
2. enthalten ein *o*? __________, __________
3. enthält mehr als ein *e*? __________

6 Heute passt Ihnen aber wirklich gar nichts! Sie widersprechen einfach immer! Reagieren Sie auf folgende Behauptungen.

Beispiel: Les films français sont intéressants. – *Ah non, vraiment ! Les films français ne sont pas intéressants !*

1. Christine est très sympathique. __________
2. Laurent travaille beaucoup. __________
3. Marc et Louis prennent souvent l'apéritif avec nous. __________
4. On rencontre souvent des gens charmants à la campagne. __________
5. Ça vous va ? __________
6. Tu peux dire « oui », s'il te plaît ? __________

Communication

7 Kennen Sie *Speed-Dating*? Man hat eine Minute Zeit, sich einander Fragen zu stellen und herauszufinden, ob man gut zusammen passt. Leider ist der Dialog zwischen einem Mann und einer Frau durcheinander geraten. Stellen Sie den Dialog wieder her.

☐ a. Oui, c'est ça, au revoir…
☐ b. Oui, les films, j'aime ça, mais je préfère la littérature. La littérature américaine. Je fais des études d'anglais.
☐ c. C'est vrai ? Tu aimes les langues étrangères ?
☐ d. Bonjour. Je m'appelle Mariella.
☐ e. Oui, j'apprends l'anglais mais je parle aussi allemand et espagnol. Tu as des animaux ?
☐ f. Bon, au revoir Mariella !
☐ g. Bof… les petits oiseaux, oui, mais… pour moi, les chats sont ennuyeux et les chiens* stressants !
☐ h. Enchanté, Mariella. Tu aimes le cinéma ?
☐ i. J'ai deux chats et trois chiens. J'adore les animaux ! Et toi ?
[*1*] j. Salut, moi c'est Jean-Claude. Et toi ?

*le chien : *Hund*

8 Julien, ein französischer Freund, besucht Sie. Sie stellen ihm Ihre Familie vor. Übersetzen Sie.

Bonjour! *Er sagt: Guten Tag!* ______

Kommst du aus Paris? *Tu viens …* ______

Oui, c'est ça. ______

Ist das Leben in Paris teuer?

______

Oui, mais ça va. Je gagne de l'argent. Je travaille dans un lycée. Je suis professeur d'italien.

______

Du unterrichtest Italienisch? Und magst du Rom?

______

Rome, la peinture, l'architecture, c'est passionnant, bien sûr… Mais je n'aime pas beaucoup les grandes villes. Je préfère la campagne.

______

Ah gut! Wir mögen Natur, Bäume und Blumen sehr! Hast du einen Garten?

______

Non. Mais j'ai une petite terrasse!

______

Herzlich willkommen bei uns! ______

Compréhension

9 **Schauen Sie sich zuerst die Fragen unter dem Text an. Lesen Sie dann die drei Biographien und ordnen Sie sie den Bildern zu. Beantworten Sie anschließend die Fragen.**

1

2

3

a. Les frères Luc et Jean-Pierre Dardenne sont deux réalisateurs de cinéma. Ils sont belges et habitent à Seraing, une petite ville de Belgique, près de Liège. Ils font des films réalistes et engagés. En 1999, ils gagnent la palme du Festival de Cannes avec le film « Rosetta », et en 2005 avec le film « L'enfant ».

b. Daniel Cohn Bendit a la nationalité allemande, mais il parle très bien français. En 1968, il est étudiant à l'université de Nanterre, près de Paris et il commence une activité politique. Il travaille aussi dans un jardin d'enfants. Il trouve les projets écologiques et européens intéressants.

c. Nana Mouskouri est une chanteuse. Elle vient de Grèce. Elle fait des études musicales à Athènes, puis elle commence dans la chanson. Elle fait une carrière internationale avec des textes en français, en allemand, en anglais, en espagnol, en grec, en italien, en japonais, en portugais, etc. Elle aime le folklore, la pop, le jazz et la musique classique. Elle travaille aussi comme femme politique. Aujourd'hui*, elle habite en Suisse.

*aujourd'hui : *heute*

A. Wer lebt heute in der Schweiz? ______________________

____

B. Wer hat die Goldene Palme in Cannes gewonnen? ______________________

____

C. Wer hat in einem Kindergarten gearbeitet? ______________________

____

D. Wer hat sich in der Politik engagiert? ______________________

____

E. Wer hat in Frankreich studiert? ______________________

____

2 POUR APPROFONDIR

Plaisir de lire

1 Pierre hat eine E-Mail von Anne bekommen, die in Paris studieren möchte. Helfen Sie ihm, das Formular einer Sprachschule für Anne auszufüllen.

Sie müssen nicht alles verstehen! Verwenden Sie kein Wörterbuch. Lesen Sie die Anweisung sorgfältig. Suchen Sie gezielt die Informationen, nach denen gefragt wird. Wenn Sie es schaffen, das Formular auszufüllen, ist das Ziel der Übung erreicht!

École de langue Babel
Demande d'informations

____
Nom (name, Familienname, apellidos)
____
Prénom (first name, Vorname, nombre)
____
Âge (age, Alter, edad)
____
Nationalité (nationality, Nationalität, nationalidad)
____
Adresse (adress, Adresse, dirección)
____
Téléphone (phonenummer, Telefonnummer, número de teléfono)
____
Profession (profession, Beruf, profesión)
____
Langue(s) parlée(s) (langages spoken, gesprochene Sprachen, lenguas habaldas)
____
Langue(s) visée(s) (aimed langages, anversierte Sprachen, lenguas enfocadas)

A : p.robein@hotmail.com
Cc : anne.paenhuysen@web.be
Objet : séjour à Paris

Bonjour Pierre.
Je m'appelle Anne Paenhuysen et j'ai 24 ans. Je suis une amie de ta cousine Elie. J'habite à Limburg, en Belgique flamande. Eh oui, je suis belge ! Je parle un peu français, mais je parle surtout flamand (ma langue maternelle) et anglais. Je suis étudiante en histoire de l'art et je viens à Paris en septembre pour un an pour étudier à l'université de la Sorbonne. C'est une chance incroyable et je suis très heureuse ! Je cherche donc un petit appartement à louer et une école de langue bon marché pour prendre des cours et perfectionner mon français. Tu as des idées d'adresses ? Si oui, tu peux me contacter, par mail ou par voie postale (Elzer Straße 8, 65556 Limburg) ou même m'envoyer un sms. (Je te rappelle bien sûr.) Voilà mon numéro : 0032 (0) 495 345 091.
Un grand merci et à bientôt !
Anne

Autoévaluation

Bearbeiten Sie folgende Aufgaben und vergleichen Sie anschließend mit den Lösungen im Anhang. Für jede richtige Antwort erhalten Sie einen Punkt. Im *Bilan* (S.15) wird Ihr Ergebnis ausgewertet.

Grammaire

2 Ergänzen Sie die passenden Verbformen.

1. Vous (vouloir) _______ boire un verre ? J' (avoir) _______ du jus de fruits ou du porto.
2. Qu'est-ce que tu (faire) _______ samedi ? Tu (pouvoir) _______ venir à la maison ?
3. Mes enfants (faire) _______ des études à Bruxelles, en Belgique. Ils (avoir) _______ 21 et 23 ans.

Punktzahl: _____ /6

3 **Sie erhalten zwei Personenbeschreibungen. Ergänzen Sie, wenn nötig, mit der passenden Endung (maskulin oder feminin).**

1. Maria est informatici _____ . Elle est blond _____ et intelligent _____ .
2. Marc est serveu _____ dans un café. Il est très gentil _____ .

Punktzahl: _____/5

4 **Antworten Sie mit *non*.**

1. Elles peuvent aller à Paris mercredi ? *Non, elles...* ______________________________
2. Tu aimes les chats ? *Non, je/j'...* ______________________________
3. Rui Shi est chorégraphe ? *Non, il...* ______________________________
4. Vous comprenez l'espagnol ? *Non, je/j'...* ______________________________

Punktzahl: _____/4

Communication

5 **Verbinden Sie die Redeabsichten mit den entsprechenden französischen Ausdrücken. (Mehrere Antworten sind möglich.)**

Ich möchte:

1. sagen, welche Sprache ich spreche.
2. auf einen Anruf reagieren.
3. sagen, was jemand beruflich macht.
4. über meinen Beruf sprechen.
5. über Arbeitszeiten sprechen.
6. jemanden oder etwas beschreiben.
7. mich über jemanden erkundigen.
8. über Vorlieben sprechen.
9. etwas verneinen.

Ich kann sagen:

a. Jule a un petit accent américain.
b. Elle travaille 39 heures par semaine.
c. Nous aimons beaucoup la cuisine chinoise.
d. C'est un travail stressant et ennuyeux.
e. Je parle français couramment.
f. Guillaume Mercier à l'appareil.
g. La maison est grande.
h. Ta mère a un jardin ?
i. Qu'est-ce que vous faites ?
j. Comment elle est ?
k. Ils commencent à 8 heures.
l. Il est blond et mince.
m. Jeannette est employée.
n. L'interrogatoire n'est pas terminé.
o. Allô ?

Punktzahl: _____/15

Gesamtpunktzahl: _____/30

Unité 5 LE TEMPS LIBRE

Vocabulaire

1 Welche Freizeitbeschäftigung versteckt sich jeweils hinter den Buchstaben?

1. IKS ____________ 4. VILOE ____________ 7. RÉDANONNE ____________

2. KYAAK ____________ 5. JAGARDINE ____________ 8. ESACALDE ____________

3. EXCRIOUSN ____________ 6. BADLAE ____________ 9. YGOA ____________

2 Freizeitbeschäftigungen. Markieren Sie die Ausdrücke, die in den Wellen versteckt sind. Die nicht verwendeten Buchstaben ergeben eine Nachricht für Sie.

fairedesbaladesvodétesterlerisqueusjouerautennisêtêtreenpleineformeesregarderunesérietralleraustadeès

adorerlesmagazinespolitiquesbopréférerlesdocumentairesn

Nachricht: ______________________!

3 Kreuzen Sie die passende Antwort an.

1. Je n'aime [a] bien [b] pas trop [c] souvent les documentaires.
2. J'aime beaucoup [a] le magazine politique [b] les championnats de pétanque [c] la série américaine de la journaliste Anne Sinclair à la télé.
3. Nous regardons le foot France-Italie [a] au grand stade. [b] à la piscine. [c] au club jardinage de la ville.
4. Prendre son temps c'est bon pour [a] la santé. [b] transpirer. [c] arrêter.
5. On trouve l'escalade passionnante parce qu'on aime [a] pas du tout [b] un peu [c] beaucoup le risque.

⚠ *Pas trop* und *pas du tout* sind Wörter der Verneinung und werden im Satz mit *ne* verwendet: *Je **n'**aime **pas trop** les documentaires. Je **n'**aime **pas du tout** le risque.*

Grammaire

4 *Qu'est-ce qu'ils font?* Bilden Sie Sätze mit dem Verb *faire* und der Präposition *de*.

1 

Maurice/la natation

____

____

____

____

2 

vous/l'escalade

____

____

____

____

3 

nous/les claquettes*

____

____

____

____

4 

Lili et Jo/le yoga

____

____

____

____

*les claquettes: *Stepptanz*

5 *À quoi est-ce qu'ils jouent?* Bilden Sie Sätze mit dem Verb *jouer* und der Präposition *à*.

1. Georgette/les cartes ______________________
2. vous/la pétanque ______________________
3. Roger et Maurice/le scrabble ______________________
4. Mamie et moi, nous/les échecs ______________________
5. je/le monopoly ______________________
6. les enfants/le papa et la maman ______________________

Couleur locale

Ist das Boulespiel – oder die *pétanque*, wie man es in Südfrankreich nennt – der älteste Sport der Welt? Das wäre durchaus möglich. Höchstwahrscheinlich war das Spiel schon im alten Ägypten bekannt. In einem 7200 Jahre alten Sarkophag wurden nämlich Bouleskugeln gefunden!

6 Ergänzen Sie mit der passenden Ortspräposition *à*, *en* oder *dans*.

1. Heidi habite _______ les Alpes, _______ Suisse, près de Maienfeld.
2. Claire, la copine d'Heidi, habite _______ Francfort-sur-le-Main, _______ Hesse, _______ Allemagne.
3. Aujourd'hui, on trouve des livres et des films sur Heidi _______ Europe, mais aussi _______ Asie: _______ Tokio, _______ Shanghai, ou encore _______ l'Himalaya!

7 **Ergänzen Sie die Präposition *à* oder *de* sowie die passende Form des bestimmten Artikels *le, la, les* oder *l'*.**

1. Heidi ne va pas _____ école. Avec son ami Pierre, elle fait _____ escalade, _____ balades dans les montagnes et _____ natation dans les lacs.
2. Claire, elle, vient _____ ville. Avec Mme de Rougemont, elle va souvent _____ opéra et _____ théâtre.

8 **Sie hören zufällig die folgenden Aussagen, es ist aber so laut, dass Sie die Verben schlecht verstehen. Ergänzen Sie die passenden Formen im *présent*.**

1. Qu'est ce qu'on (faire) ___________? On (aller) ___________ au cinéma?
   Oh non, je (préférer) ___________ rester à la maison. Tu ne (vouloir) ___________ pas regarder la télé? Le film de 21 heures (être) ___________ passionnant.
2. Nous, nous (aller) ___________ à un cours d'allemand parce que nous (être) ___________ très intéressés par la culture allemande. Nous (passer) ___________ souvent les vacances en Bavière. Nous (faire) ___________ du ski ou de la randonnée.
3. Jeanne et Sidonie (être) ___________ deux sœurs. Elles (habiter) ___________ dans une petite maison à la campagne et (aimer) ___________ jouer au scrabble, mais elles (préférer) ___________ les échecs. Elles (faire) ___________ très bien la cuisine. Elles (avoir) ___________ un chien. Dimanche,
   elles (aller) ___________ chez une amie dans le centre-ville. Elles (vouloir) ___________ aller au cinéma avec elle.

Communication

9 **Einige Franzosen haben auf die Frage *Vous aimez la musique électronique?* geantwortet. Lesen Sie ihre Aussagen und verbinden Sie sie mit den folgenden Reaktionen.**

1. J'adore.
2. J'aime beaucoup.
3. J'aime bien.
4. Je n'aime pas trop.
5. Je n'aime pas du tout./Je déteste.

a. Bof, ce n'est pas mon style, je préfère le jazz ou la musique classique.
b. Oui, bon, ça va, c'est intéressant.
c. Super! Je trouve la musique électronique géniale. Je suis passionné!
d. C'est une musique très sympa, positive et ça fait du bien.
e. Ah non, c'est une musique monotone et ennuyeuse.

10 **Schauen Sie sich den Taschenkalender von Nordine an und erzählen Sie, was er in dieser Woche macht.**

Lundi, à 17 h 00, Nordine va au cours de guitare.

⚠ Die Uhrzeit wird in Frankreich mit *h* abgekürzt.

Compréhension

11 **Unterstreichen Sie im folgenden Brief die Informationen, die sich beim Betrachten der Urlaubsfotos als falsch erweisen.**

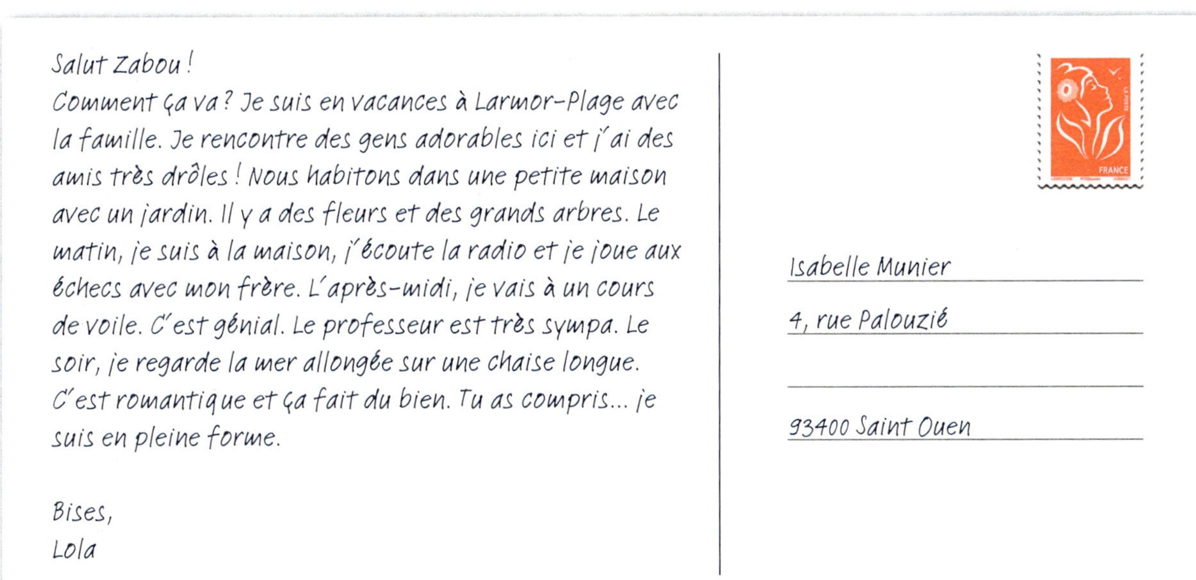

Salut Zabou !
Comment ça va ? Je suis en vacances à Larmor-Plage avec la famille. Je rencontre des gens adorables ici et j'ai des amis très drôles ! Nous habitons dans une petite maison avec un jardin. Il y a des fleurs et des grands arbres. Le matin, je suis à la maison, j'écoute la radio et je joue aux échecs avec mon frère. L'après-midi, je vais à un cours de voile. C'est génial. Le professeur est très sympa. Le soir, je regarde la mer allongée sur une chaise longue. C'est romantique et ça fait du bien. Tu as compris... je suis en pleine forme.

Bises,
Lola

Isabelle Munier
4, rue Palouzié

93400 Saint Ouen

Unité 6 VOUS DÉSIREZ?

Vocabulaire

1 Kreuzworträtsel. Tragen Sie die Lösungswörter in die Kästchen ein.

1. En France un «parisien» est un sandwich avec du beurre, du ... et du fromage.
2. Je veux du pain : je vais à la...
3. Les ... sont des fruits qui viennent d'Afrique et d'Amérique latine.
4. Au ... , nous achetons du pâté, des pommes de terre et des carottes.
5. Les Italiens mangent souvent des...
6. Le matin, les Français prennent du ... avec du beurre et de la confiture.
7. Bonjour madame, vous ... ?
8. C'est combien le ... de miel ?
9. J'adore les glaces à la...
10. Christine enseigne l'allemand pour gagner un peu d'...

2 Welches Wort passt nicht zu den anderen? Streichen Sie es durch.

1. le beurre – le lait – le miel – le fromage
2. j'aimerais – je voudrais – je propose – je désire
3. le supermarché – la pharmacie – le rayon épicerie – la cathédrale
4. à tout à l'heure – ça va – bonne journée – au revoir

3 Nach einem Sturm herrscht Chaos! Bringen Sie die Lebensmittel an ihren richtigen Platz zurück.

carottes | tomates | pastis | pain | crème fraîche | limonade | pommes | bière | beurre | courgettes | biscuits | champignons | poulet | œufs | fraises | jambon | fromage | croissants | vin | viande | jus de fruits | bananes | gâteaux | pâté | lait

Grammaire

4 Ergänzen Sie die Sätze mit den Formen von *préférer* oder *acheter* im *présent*.

1. J' ____________ du vin indien parce que ce n'est pas cher, mais je ____________ le vin italien.
2. Sylvain et Laure ____________ souvent le pain à la boulangerie rue des Carmes : il est très bon !
3. Pour les vacances, elles ____________ les randonnées.
4. Nous ____________ une bouteille de champagne pour l'anniversaire de Samir.
5. Tu ____________ le cinéma ou le théâtre ?
6. Vous ____________ dans les magasins ? Vous ne ____________ pas les petits marchés ?
7. Philippe ____________ une radio pour écouter les infos, mais Elodie ____________ regarder la télé.
8. Aller à la cathédrale ? Oh non, c'est ennuyeux ! Nous ____________ manger des glaces.
9. S'il te plaît, tu ____________ du chocolat pour les enfants ?

5 Kochen Sie gern französisch? Ergänzen Sie *de l'*, *de la*, *du*, *des* oder *de*.

1. Pour faire une quiche lorraine, il faut ____ jambon, ____ fromage, ____ œufs, beaucoup ____ lait et un peu ____ crème fraîche.
2. Pour faire une ratatouille, il faut ____ tomates, ____ poivrons, ____ courgettes, ____ sel[1] et ____ poivre[2]. C'est très bon avec ____ riz.
3. Dans la compote de pommes, il y a bien sûr ____ pommes, mais aussi ____ sucre. Beaucoup ____ sucre !
4. Pour faire un bœuf bourguignon, il faut ____ viande, ____ carottes et ____ oignons[3], ____ vin et ____ herbes de Provence[4].
   Vous pouvez manger le bœuf bourguignon avec ____ pommes de terre et ____ salade.

[1]le sel

[2]le poivre

[3]les oignons

[4]les herbes de Provence

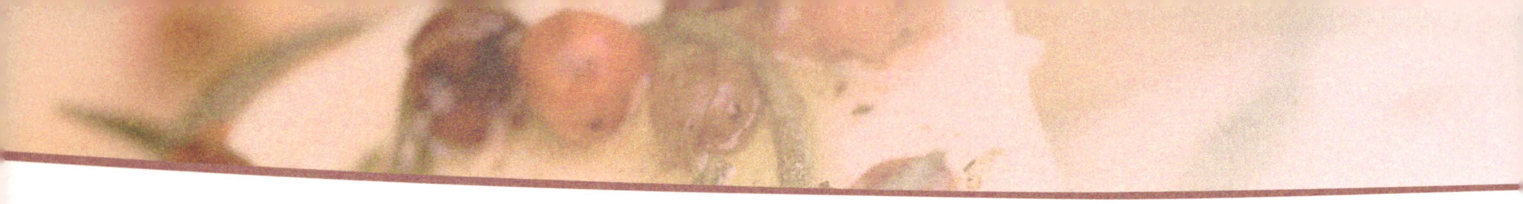

6 Betrachten Sie die Bilder und korrigieren Sie die Sätze.

Beispiel: Paul achète du jus de fruits. – *Non, Paul n'achète pas de jus de fruits. Paul achète de l'eau minérale et de la bière.*

1. Au petit-déjeuner, Pierre prend du thé.

____

____

2. Dieter mange des croissants.

____

____

3. Ce soir, à table, nous avons du poisson.

____

____

Couleur locale

Zum Frühstück essen die Franzosen oft eine *tartine*, eine Scheibe *baguette* mit Butter und Marmelade. Viele bevorzugen getoastetes Brot und trinken Milchkaffee aus einer Schale, einem *bol*. Es wird aber auch zunehmend Müsli gegessen. *Croissants* isst man vor allem sonntags oder bei speziellen Gelegenheiten. Meistens wird ohne Teller gefrühstückt!

Communication

7 Bringen Sie den Dialog in die richtige Reihenfolge.

1. Alors 4,90 € les 3 tranches de jambon et 6,60 € les 300 grammes de pâté. Ça fait 11,50 €. ☐
2. Alors, 300 grammes, s'il vous plaît! Combien ça fait? ☐
3. Je voudrais trois tranches de jambon, s'il vous plaît. ☐
4. Je prends aussi du pâté. Qu'est-ce que vous avez? ☐
5. Merci. Au revoir, madame. ☐
6. Bonjour monsieur, vous désirez? *1*
7. Voilà. Et avec ça? ☐
8. Au revoir, et bonne journée! ☐
9. Nous avons un bon pâté de campagne, à 2,20 € les 100 grammes. ☐

8 Verbinden Sie verschiedene Elemente und bilden Sie Fragen.

Est-ce que	tu aimes	les films policiers ?
Qu'est-ce que	vous faites	faire le dimanche ?
		du sport ?
		pour les vacances ?
		dans la vie ?
		jouer aux cartes ?

⚠ Eine ***est-ce que***-Frage kann man nur mit ja oder nein beantworten. Auf eine Frage mit ***qu'est-ce que*** werden nähere Angaben erwartet.

Compréhension

9 Lesen Sie den Text und kreuzen Sie V (*vrai*) oder F (*faux*) an.

LYON, CAPITALE GASTRONOMIQUE

La cuisine lyonnaise est une cuisine régionale française. Lyon profite de sa situation géographique : la ville n'est pas loin de la Bourgogne*, du Beaujolais* et de la vallée du Rhône* (dans ces régions, on produit le vin), de la Savoie* (avec ses lacs et ses poissons), de l'Ardèche* (pour les fruits et légumes) de la Bresse* et du Charolais* (pour la viande). À Lyon, il y a beaucoup de restaurants (plus de 1000 !) : ce sont de grands restaurants gastronomiques, mais aussi des petits restaurants lyonnais typiques : « les bouchons ». Dans les bouchons, on mange des spécialités locales et on boit du bon vin dans une atmosphère de fête.

**französische Regionen*

1. Lyon ist für seine Küche berühmt. V ☐ F ☐
2. Diese Stadt befindet sich in Burgund (*Bourgogne*). V ☐ F ☐
3. Lyon importiert verschiedene Produkte aus den benachbarten Regionen. V ☐ F ☐
4. In Savoyen gibt es Seen. V ☐ F ☐
5. In Lyon gibt es nur einige Restaurants. V ☐ F ☐
6. Wenn Sie nach Frankreich reisen, können Sie überall in einem *bouchon* essen. V ☐ F ☐

Plaisir de lire

1 **Kochen Sie gern? Bevor Sie das Kochrezept lesen, überlegen Sie, welche Zutaten Sie vermutlich für ein *Cake salé aux olives et au jambon* brauchen. Vergleichen Sie danach mit der Liste *Il faut*.**

Um ein Dokument zu verstehen, ist es wichtig, sich vorher über den Inhalt Gedanken zu machen. Vielleicht gibt es Bezeichnungen von Lebensmitteln oder Verben, die Sie auf Französisch noch nicht kennen, die aber in diesem Kochrezept auftreten. Wo ist zum Beispiel das Wort „Mehl“ in diesem französischen Rezept?

Cake salé aux olives et au jambon

Coût : bon marché
Temps de préparation : 20 minutes
Temps de cuisson : 30 minutes

Il faut (pour 4 personnes) :
- *200 grammes de farine*
- *5 œufs*
- *1 paquet de levure*
- *5 cl d'huile*
- *150 g de jambon en morceaux*
- *100 g de gruyère*
- *olives*
- *15 cl de lait*
- *sel et poivre*
- *2 cuillères à soupe de moutarde*
- *herbes hachées (persil)*

Préparation
1. *Battre les œufs en omelette avec le lait.*
2. *Ajouter l'huile et la moutarde, puis le sel, le poivre et les herbes.*
3. *Ajouter petit à petit la farine et la levure, puis le jambon, le gruyère, les olives et les herbes hachées.*
4. *Mettre dans un moule à cake et cuire dans un four chaud à 170° pendant 30 minutes.*

Bon appétit !

2 **Lesen Sie das Rezept noch einmal und kreuzen Sie die passenden Antworten an.**

1. Die Zutaten für das Rezept sind [a] billig. [b] teuer.
2. Sie sollen [a] die Eier schlagen. [b] die Eier kochen.
3. Sie sollen den Schinken, den Käse und die Oliven
   [a] in kleine Stücke schneiden. [b] dem Teig hinzufügen.
4. Die Backzeit beträgt [a] 20 Minuten. [b] 30 Minuten.

Autoévaluation

Bearbeiten Sie folgende Aufgaben und vergleichen Sie anschließend mit den Lösungen im Anhang. Für jede richtige Antwort erhalten Sie einen Punkt. Im *Bilan* (S.15) wird Ihr Ergebnis ausgewertet.

Grammaire

3 Ergänzen Sie die Verben in der passenden Form.

1. Tu (aller) ___________ au marché et tu (acheter) ___________ de la charcuterie : du jambon ou du pâté. Qu'est-ce que tu (préférer) ___________ ?
2. Elles (acheter) ___________ beaucoup de fruits. Elles (manger) ___________ aussi des légumes.
3. Vous (manger) ___________ de la viande? Je (aller) ___________ à la boucherie.
4. Nous (manger) ___________ de la salade.

Punktzahl: _____/8

4 Ergänzen Sie mit *du*, *de la*, *de l'* oder *des*.

1. Pour le pique-nique, vous emportez _____ eau, _____ fruits, _____ charcuterie et _____ pain.
2. À la crèmerie, nous achetons un pot _____ crème fraîche.
3. Ils n'ont plus _____ café, mais ils ont _____ thé.

Punktzahl: _____/7

Communication

5 Verbinden Sie die Redeabsichten mit den entsprechenden französischen Ausdrücken.

Ich möchte:

1. sagen, was ich in der Freizeit tue.
2. etwas begründen.
3. einen Wunsch äußern.
4. sagen, wie wenig/wie sehr ich etwas mag.
5. eine SMS bzw. einen Brief schreiben.
6. sagen, was ich in welchem Geschäft oder welcher Abteilung kaufe.
7. Mengen benennen.
8. jemanden fragen, was er/sie möchte.
9. den Preis angeben und danach fragen.
10. sagen, welche Lebensmittel ich brauche.
11. sagen, welche Lebensmittel fehlen.

Ich kann sagen:

a. Il faut des fraises et de la crème fraîche.
b. Je prends le jambon à la charcuterie.
c. Nous avons un peu de fromage.
d. Quatre tranches de pain.
e. Je travaille parce que je veux gagner de l'argent.
f. Qu'est-ce que vous désirez ?
g. Nous n'aimons pas trop le foot à la télé.
h. Ça fait trois euros.
i. J'aimerais être allongé sur une chaise longue.
j. Cher Marcel, merci pour ta lettre.
k. Jackie et moi, nous faisons du jardinage.
l. Il n'y a plus de miel.
m. C'est combien ?
n. Je joue au tennis.
o. J'adore la glace à la fraise !

Punktzahl: _____/15

Gesamtpunktzahl: _____/30

Unité 7 44000 NANTES

Vocabulaire

1 **Finden Sie im Wortgitter 15 Begriffe zum Wortfeld „Stadt". Markieren Sie die femininen Wörter rot, die maskulinen blau.**

A	P	I	S	C	I	N	E	É	R	I	P
S	U	P	E	R	M	A	R	C	H	É	A
G	B	C	T	P	A	R	C	O	R	P	R
A	A	I	H	R	U	E	R	L	P	O	K
R	N	N	É	E	Z	C	Y	E	O	S	I
E	Q	É	Â	K	M	U	S	É	E	T	N
E	U	M	T	É	G	L	I	S	E	E	G
U	E	A	R	C	A	F	É	T	E	T	U
H	Ô	T	E	L	D	E	V	I	L	L	E

2 ***Au Voleur!*** **– Haltet den Dieb! Lesen Sie die Geschichte und kreuzen Sie die passenden Ausdrücke an.**

C'est dans la ville de Neuilly, dans [a] le centre [b] la banlieue de Paris. Une femme est [c] entre [d] devant le cinéma. Elle a rendez-vous avec son frère mais elle est [e] en avance [f] en retard et elle attend. [g] Au coin [h] À la périphérie de la rue, un homme [i] arrive [j] apporte.

- Bonsoir, madame. Vous avez une cigarette ?
- Non, monsieur, désolée.
- Ah... Au revoir, bonne soirée.

Il [k] tourne [l] continue tout droit, puis prend la première rue [m] à droite [n] tout droit. La femme [o] aide [p] cherche son téléphone portable dans son sac pour demander à son frère où il [q] traverse [r] se trouve.
Alors, elle s'écrie* « Oh ! Où est mon [s] appartement [t] porte-monnaie ? Au voleur ! »

*elle s'écrie : *sie ruft aus*

3 **Betrachten Sie den Frühstückstisch und kreuzen Sie V (*vrai*) oder F (*faux*) an.**

1. La confiture est à côté du beurre. V ☐ F ☐
2. Le beurre est au centre de la table. V ☐ F ☐
3. Les fruits sont derrière les croissants. V ☐ F ☐
4. Devant le pain, il y a le café. V ☐ F ☐
5. Les croissants sont au coin de la table. V ☐ F ☐
6. Les fruits et le beurre sont sur la table. V ☐ F ☐
7. Le beurre est à droite des croissants. V ☐ F ☐
8. Les croissants sont entre le pain et le beurre. V ☐ F ☐
9. À gauche de la confiture il y a les fruits. V ☐ F ☐

⚠ Einige Ortsangaben bildet man mit der Präposition *de* (*à droite **de**, à gauche **de**, à côté **de**, au centre **de**, au coin **de***). Aber: *devant, sur, entre* (ohne Präposition).

Grammaire

4 Unterstreichen Sie die passende Form des Fragewortes.

1. Quelles/Quelle musique est-ce que tu préfères ?
2. Quel/Quels films est-ce que tu trouves intéressants ?
3. Quelle/Quel musée se trouve en centre-ville ?
4. Ils habitent dans quelle/quelles banlieue ?
5. On achète quelles /quels fleurs ?
6. Quel/Quelle est le nom de la rue de la médiathèque ?
7. À Paris, tu arrives à quelles/quelle gare? Gare du Nord ou Gare de l'Est ?
8. Quels/Quelles amis viennent pour ton anniversaire ?

5 Ergänzen Sie mit *du*, *de la*, *de l'*, *des* oder *le*, *la*, *les*, *l'*.

1. La médiathèque est entre _____ cinéma et _____ école.
2. Le pot de miel est sur _____ table.
3. Le grand arbre est au centre _____ jardin.
4. Le parc de la ville est à deux minutes _____ place Jean Moulin, derrière _____ hôtel de ville.
5. Sur la photo, Marion est à droite _____ frère de Chloé, devant _____ maison.
6. À gauche, il y a une pharmacie et en face _____ pharmacie, il y a un café.

6 Ergänzen Sie das passende betonte Pronomen *moi*, *toi*, *lui*, *elle*, *nous*, *vous*, *eux* oder *elles*.

1. Nous adorons le scrabble. Vous voulez jouer avec _________ ?
2. Vous venez chez _________ samedi ? C'est mon anniversaire.
3. En France, les enfants vont à l'école jusqu'à 16 heures 30 et pour _________ , c'est fatigant.
4. Félix, c'est _________ ? Non, ça c'est Thiebault.
5. Vous avez de l'argent sur _________ ?
6. Les trois sœurs parlent entre _________ .
7. Elle prend son sac avec _________ .
8. Tu cherches les clés ? Mais elles sont devant _________ !
9. Je vais au cinéma. Tu viens avec _________ ?

Communication

7 **Sie wollen den Weg zum Café „*Chez Lucette*“ beschreiben. Bringen Sie dafür die Wörter in die richtige Reihenfolge und gleichen Sie an.**

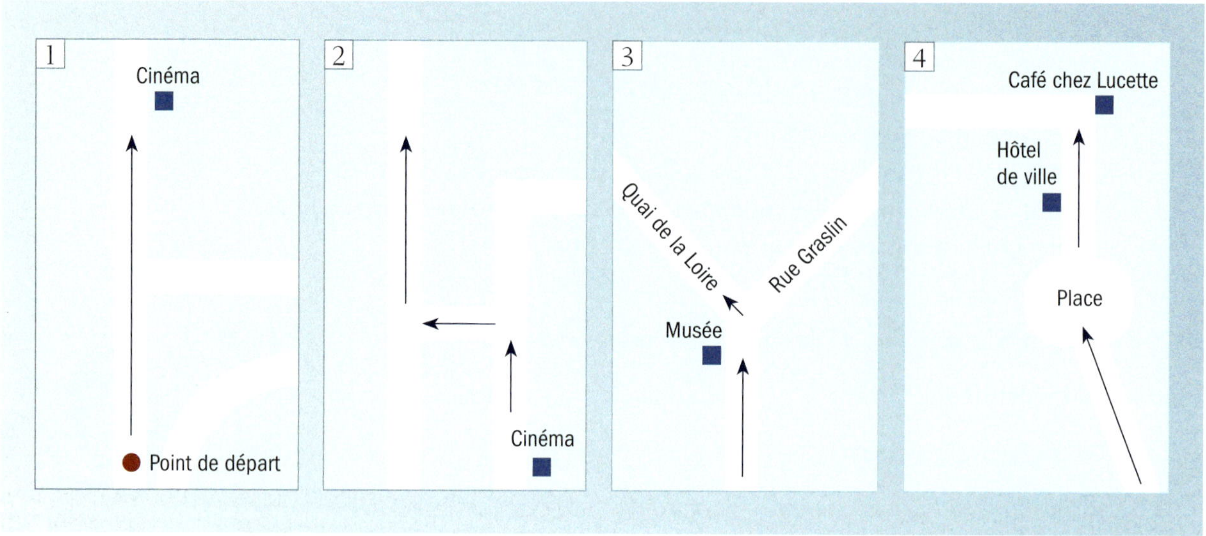

1. tout droit / le cinéma / jusqu'à / vous allez

2. à gauche / puis / vous tournez / à droite.

3. jusqu'à / vous prenez / le quai de la Loire / le musée / vous continuez / et /

4. et / l'hôtel de ville / vous traversez / vous passez / la place / devant.

Couleur locale

Was tun Sie, wenn Sie sich in einer französischen Stadt verlaufen? Versuchen Sie zuerst einmal, den zentralen Platz zu finden. Oft gibt es dort eine Kirche, das Rathaus, Kneipen und andere wichtige Gebäude und Ämter (Post, Fremdenverkehrsamt) sowie Geschäfte.

8 Verbinden Sie.

1. Merci beaucoup, madame.
2. Pardon, je cherche la poste.
3. Excusez-nous, messieurs-dames, vous pouvez nous aider, s'il vous plait ?
4. Je n'ai pas compris. C'est à droite ?
5. C'est le musée des Beaux-arts ?

a. Je ne sais pas.
b. Alors, vous tournez à droite, et ensuite c'est tout droit.
c. Non, pas à droite ! Tout droit.
d. Je vous en prie, monsieur.
f. Ah non ! Désolés mais nous ne sommes pas d'ici.

9 Sie rufen in der Zahnarztpraxis *Cabinet du Docteur Roublot* an. Schreiben Sie den Dialog.

Die Sprechstundenhilfe meldet sich. ______________________

Sie begrüßen sie und sagen, dass Sie einen Termin möchten. ______________________

Die Sprechstundenhilfe schlägt Ihnen heute um 16:20 Uhr vor und fragt, ob es Ihnen passt.

____

Sie sagen, dass es Ihnen leid tut, weil Sie heute nicht können. Sie bevorzugen morgen oder Freitag.

____

Die Sprechstundenhilfe schlägt morgen um 9:00 Uhr vor. ______________________

Sie sind einverstanden, das ist sehr gut, und Sie wiederholen: morgen um 9:00 Uhr.

____

Die Sprechstundenhilfe fragt nach Ihrem Namen. ______________________

Sie sagen Ihren Namen. ______________________

Die Sprechstundenhilfe bedankt und verabschiedet sich. ______________________

Compréhension

10 Als Privatdetektiv sind Sie einem Verbrecher auf der Spur. Sie hören seine Gespräche ab. Zeichnen Sie die beschriebenen Wegangaben auf dem Plan ein.

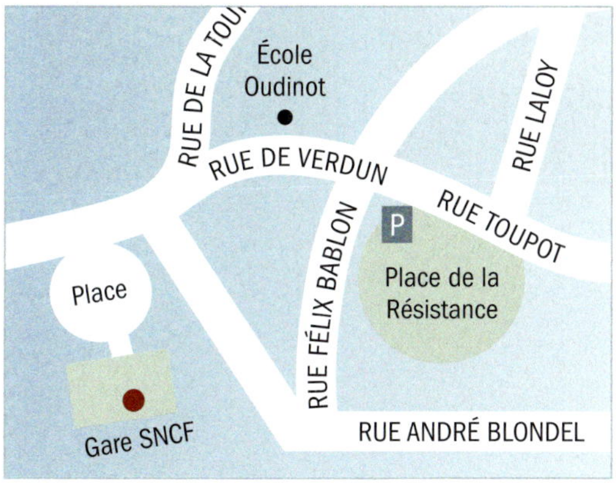

– Allô ?
– Salut Véro, c'est moi, Bruno. Je suis devant la gare ! Je passe chez toi ?
– Oui, super ! Tu sais où j'habite ?
– Non.
– Alors, tu vas tout droit et tu traverses la grande place en face de la gare. Après la place, tu prends la rue de Verdun, à droite et tu passes devant l'école Odinot. Tu continues jusqu'au parking, place de la Résistance. J'habite là, sur la place.

Vocabulaire

1 Kreuzworträtsel. Tragen Sie die Lösungswörter in die Kästchen ein.

1. On prend la ... ou le bus pour aller au cinéma ?
2. Je prends mes lunettes pour bien...
3. C'est une maison à deux étages : la famille Lepain habite au premier, les Leduc au deuxième, et nous, nous habitons au...
4. Omar n'a pas de frères et sœurs : il est fils...
5. Jonathan ne peut pas se marier avec son ami mais il est ... avec lui.
6. Le 19 février 1976, c'est le jour de ma... Aujourd'hui, j'ai 34 ans.

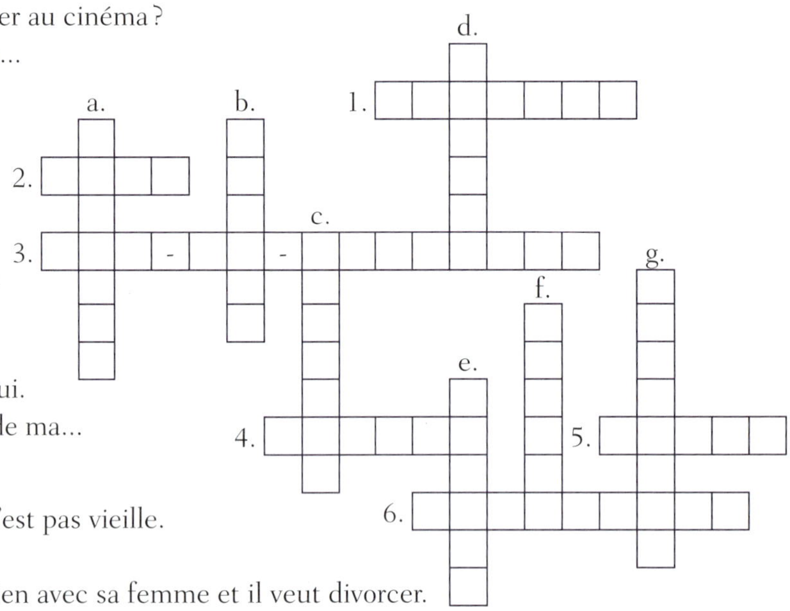

a. La pyramide du Louvre à Paris n'est pas vieille. Son architecture est...
b. Monsieur Bouchot ne s' ... pas bien avec sa femme et il veut divorcer.
c. La fille du frère de ma mère est ma...
d. Nous ... dans un grand appartement ensoleillé.
e. Nous avons ... à neuf le vieil appartement de ma grand-mère.
f. C'est une très petite maison avec seulement deux ... : un salon et une chambre.
g. Tu préfères vivre en ville ou à la ... ?

2 Ergänzen Sie die fehlenden Vokale, um die Bezeichnungen der Räume zu finden. Ordnen Sie sie den Bildern zu.

a

b

c

d

e

f

g

h

1. ☐ les t__ __l__tt__s
2. ☐ la c__ __s__n__
3. ☐ la s__ll__ __ m__ng__r
4. ☐ le b__r__ __ __
5. ☐ le s__l__n
6. ☐ la ch__mbr__
7. ☐ le gr__n__ __r
8. ☐ la s__ll__ d__ b__ __n

Grammaire

3 **Ergänzen Sie die Possessivbegleiter.**

1. Tu es en vacances. Tu écris une carte à _______ parents, à _______ frère et à _______ grand-mère.
2. Bonjour madame Tabourin ! Ce sont _______ enfants ? Et comment va _______ mari ?
3. Léa est à table. Elle termine _______ assiette de crudités et _______ verre de vin.
4. Ils ont un grand potager et un voisin sympathique. Alors, ils donnent _______ courgettes et _______ carottes à _______ voisin.
5. Je vais travailler. Je prends _______ sac, _______ agenda et _______ clés.
6. Nous partons en vacances. Le voisin s'occupe de _______ chat et de _______ plantes.

4 **Etienne erzählt von seinem Tag, den er mit Alice in Paris verbracht hat. Ergänzen Sie die folgenden Verben im *passé composé*.**

trouver | visiter | faire | adorer | dîner | acheter | manger | marcher

Samedi matin, on [1] ____________________ les catacombes avec un groupe de touristes anglais. Passionnant ! J' [2] ______________ et Alice aussi. À midi, on [3] ______________ dans un petit restaurant sympa, mais cher ! L'après midi, j' [4] ____________________ un plan de la ville et nous [5] ____________ dans les rues du Quartier Latin. À 18 heures, nous [6] ______________ un tour en bateau sur la Seine. Le soir, nous [7] ____________ sur la Place des Vosges, en face de la maison de Victor Hugo. J' [8] ________________________ la ville très belle et très intéressante.

Couleur locale

Ende des 18. Jahrhunderts wird der Pariser Friedhof im Zentrum der Stadt aus hygienischen Gründen aufgelöst und die Gebeine werden in alten Steinbrüchen gelagert. Sehr schnell erwecken diese *catacombes* Neugier, wodurch Legenden entstehen. Einige Teile der *catacombes* kann man heute offiziell besichtigen. Trotz des Verbots treffen sich dort auch nachts Leute, die den Nervenkitzel lieben und sich nach immer neuen Sensationen und Erlebnissen sehnen.

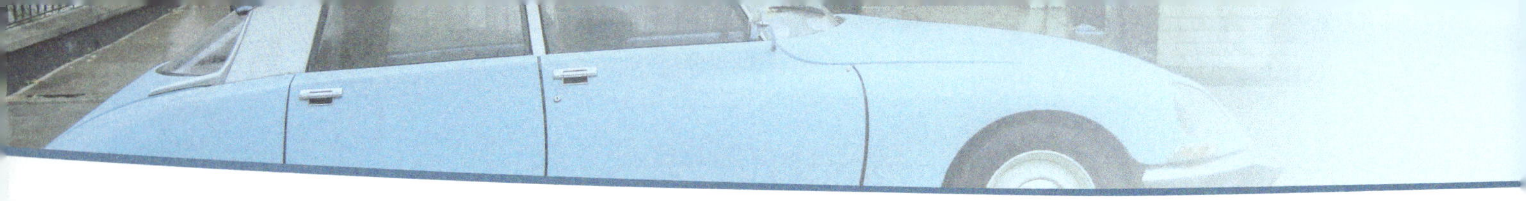

5 Ergänzen Sie die Tabelle.

	préférer	aller	voir	acheter	vivre
je/j'	préfère				vis
tu			vois		
il/elle/on				achète	
nous	préférons		voyons		
vous		allez			
ils/elles		vont			vivent

Communication

6 Ein Paar zieht in Ihrem Nachbarhaus in der Provence ein. Sie sind neugierig und erkundigen sich bei einem Nachbarn über das Paar. Verbinden Sie die Satzelemente, um Fragen zu bilden. Finden Sie anschließend die passenden Antworten.

Fragen:

1. C'est qui...
2. Combien de/d'... → c.
3. Pourquoi...
4. D'où...
5. Qu'est-ce que/qu'...
6. Quel âge...
7. Quand est-ce que/qu'...

a. est-ce qu'ils ont acheté la maison ?
b. ils font? Ils travaillent ?
c. enfants est-ce qu'ils ont ?
d. est-ce qu'ils viennent ?
e. ont-ils ?
g. ?
h. on prend l'apéritif avec eux ?

Antworten:

A. Parce qu'ils veulent vivre ici. ☐
B. De Francfort, en Allemagne. ☐
C. Monsieur et madame Schneider. ☐
D. Ils sont retraités. ☐
E. Demain, ça te va ? On invite les Schneider chez toi ou chez moi ? ☐
F. Trois. Un fils et deux filles. [2]
G. Oh... soixante-dix ans, peut-être. ☐

Compréhension

7 Sie haben Issa in einem Blog kennengelernt. Lesen Sie den Text und die Aussagen. Kreuzen Sie V (*vrai*) oder F (*faux*) an.

Je m'appelle Issa. J'ai vingt-deux ans. Je suis malien. J'habite dans une petite maison, au rez-de-chaussée. Dans ma ville, Bamako, c'est normal : il y a très peu de maisons à étage. Les pièces sont sombres mais ça fait du bien : il y a déjà assez[1] d'espaces ensoleillés, ici, au Mali ! On a seulement un séjour et une chambre. Ne cherchez pas la cuisine ! On fait la cuisine dans la cour[2] ! Les toilettes et la douche sont derrière la maison. Je travaille dans une banque. Je suis secrétaire. J'habite seul en centre-ville parce que mes parents et mes frères et sœurs sont à la campagne. Mais j'ai souvent de la visite ! Les copains et les voisins viennent. On prend le thé, on regarde la télé, on parle de politique ou d'amour. À propos... J'ai une amie, Fatou. Elle a vingt ans, elle est vendeuse dans un magasin et elle est belle comme une fleur. Elle vit avec sa famille dans la banlieue de Bamako, mais elle passe souvent chez moi. Nous voulons nous marier et avoir des enfants.

[1] assez : *genug*, [2] cour : *Hof*

1. À Bamako, les maisons ont souvent un ou deux étages. V ☐ F ☐
2. La maison est claire et ensoleillée. V ☐ F ☐
3. Il y a deux pièces dans la maison d'Issa. V ☐ F ☐
4. Issa habite loin de sa famille, mais il n'est pas seul. V ☐ F ☐
5. Fatou habite avec sa famille à la campagne. V ☐ F ☐
6. Issa et Fatou vivent ensemble. V ☐ F ☐

8 Sie besichtigen Ferienwohnungen in Frankreich. Ordnen Sie jeder Beschreibung einen Grundriss zu.

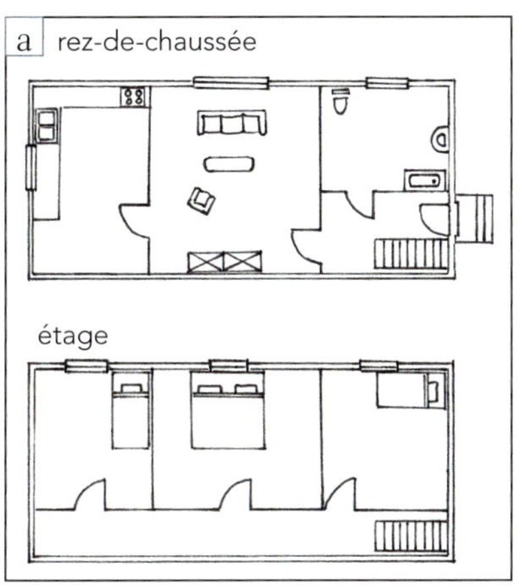

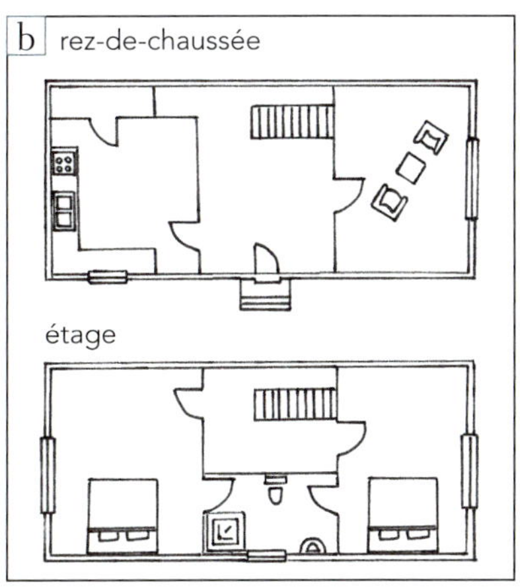

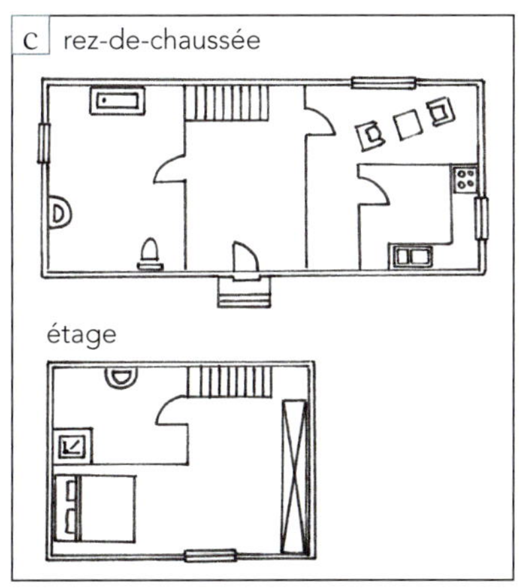

1. Voilà l'entrée, avec un escalier en face. À droite, il y a le salon et à gauche, la cuisine avec un débarras. Les chambres et la salle de bain sont à l'étage. ☐
2. Voilà l'entrée avec l'escalier. À droite, il y a une salle de bain, et en face, le salon et la cuisine. Les chambres sont à l'étage. ☐
3. Voilà l'entrée, avec l'escalier, en face, la cuisine et le salon, à droite, la salle de bain à gauche. Au premier étage, il y a une chambre et une petite salle d'eau. ☐

4 POUR APPROFONDIR

Plaisir de lire

Denken Sie positiv! Markieren Sie in einem neuen Text die Wörter, die Sie schon verstehen. Das bringt Ihnen eine sichere Basis, um das Neue zu entdecken.

1 ***Le PACS*. Lesen Sie den Text. Unterstreichen Sie alles, was Sie verstehen.**

« Le mariage homosexuel n'existe pas en France. Mais en 1999, le PACS (Pacte Civil de Solidarité) donne un cadre juridique aux hommes et femmes homosexuels qui veulent vivre ensemble. Le débat est polémique car il oppose deux conceptions du mariage : Dans la première conception, traditionnaliste, le mariage donne la possibilité à deux personnes de sexes différents de s'unir et faire des enfants. Dans la deuxième conception, progressiste, l'amour est la base du mariage et le Code civil* ne précise pas le sexe des marié(e)s.
Qu'est-ce que le PACS ? C'est un contrat qui permet à deux personnes, homosexuelles ou hétérosexuelles, d'organiser leur vie commune. Les deux pacsé(e)s doivent s'aider matériellement. Mais un pacsé ne peut pas adopter les enfants de son partenaire. »

*le Code Civil : *Bürgerliches Gesetzbuch*

2 **Versuchen Sie zu erraten, was die Wörter bedeuten, die Sie nicht unterstrichen haben.**

3 **Vergleichen Sie Ihre Hypothesen mit folgenden Übersetzungen.**

adopter : *adoptieren*
la base : *Basis, Fundament*
le cadre juridique : *juristischer Rahmen*
la conception : *Vorstellung*
le contrat : *Vertag*
le débat : *Debatte*
différent : *unterschiedlich*
matériellement : *materiell*
opposer : *entgegensetzen*
le/la pacsé/e : *Person, die den* PACS *unterschrieben hat*
le/la partenaire : *Partner/in*
permettre : *ermöglichen*
polémique : *polemisch*
préciser : *präzisieren, genau angeben*
progressiste : *fortschrittlich*
s'unir : *sich einigen*
la vie commune : *gemeinsames Leben*

Autoévaluation

Bearbeiten Sie folgende Aufgaben und vergleichen Sie anschließend mit den Lösungen im Anhang. Für jede richtige Antwort erhalten Sie einen Punkt. Im *Bilan* (S. 15) wird Ihr Ergebnis ausgewertet.

Grammaire

4 **Unterstreichen Sie das passende Wort.**

1. Léa cherche *sa / son / ses* clés.
2. Ils nous ont montré *leur / leurs* maison.
3. Voici Annette, *mon / ma / mes* collègue.
4. *Moi / Toi / Nous*, tu aimes notre jardin ?
5. Et *lui / elles / eux*, ils sont allemands ou anglais ?
6. Vous parlez *quels / quelle / quelles* langues ?

Punktzahl: ____/6

5 Setzen Sie die Verben in die passende Form.

1. Nous (vivre) __________ à Bordeaux. Et toi, tu (vivre) __________ où ?
2. Elles ne (voir) __________ pas leurs amis aujourd'hui parce qu'elles n'ont pas de temps libre.
3. Du balcon de la maison, nous (voir) __________ la mer.

Punktzahl: ____/4

6 Setzen Sie die Verben ins *passé composé*.

1. Vous (acheter) ____________________ une maison ?
   Oui. On (aménager) ____________________ le jardin mais on (garder) ____________________ les grands arbres.
2. Et vous (refaire) ____________________ la cuisine ?
   Non, mais nous (acheter) ____________________ une table moderne.

Punktzahl: ____/5

Communication

7 Verbinden Sie die Redeabsichten mit den entsprechenden französischen Ausdrücken. (Mehrere Antworten sind möglich.)

Ich möchte:

1. nach dem Weg fragen.
2. den Weg beschreiben.
3. Ortsangaben machen.
4. die Entfernung nennen.
5. nach der Uhrzeit fragen.
6. die Uhrzeit angeben.
7. mich mit jemandem verabreden.
8. über die Familie sprechen.
9. nach dem Alter fragen.
10. das Alter angeben.
11. ein Haus bzw. eine Wohnung beschreiben.
12. die Vor- und Nachteile eines Hauses bzw. einer Wohnung benennen.
13. persönliche Beziehungen charakterisieren.

Ich kann sagen:

a. Mes parents sont divorcés.
b. On n'a pas de voisin, c'est bien pour être au calme.
c. C'est à trois minutes d'ici.
d. Le bureau et les chambres sont au premier étage.
e. Ils s'entendent très bien avec leurs amis.
f. Vous continuez tout droit jusqu'à la place du Châtelet.
g. Il est minuit et demie.
h. Quel âge tu as ?
i. Excusez-moi monsieur. Je cherche la poste.
j. Le théâtre est en face du supermarché.
k. Je passe chez toi à 17 heures. Ça va ?
l. Je suis marié(e) mais je n'ai pas d'enfants.
m. Vous prenez la première rue à gauche.
n. Il est quelle heure ?
o. J'ai cinquante et un ans.

Punktzahl: ____/15

Gesamtpunktzahl: ____/30

Unité 9

UN WEEK-END EN BOURGOGNE

Vocabulaire

1 **Markieren Sie die Ausdrücke, die in den Wellen versteckt sind. Die nicht verwendeten Buchstaben ergeben eine Nachricht für Sie.**

réservationpbagagesréceptionassbuffetchambresimpleeminibarznoteupriseinternetnprixe

parkingboséjourngrandlitnepetitdéjeunernuascenseurit

Nachricht: ______________________________ !

2 **Schreiben Sie die Daten folgender Feiertage aus.**

Beispiel: La Saint-Nicolas (06.12.): *La Saint-Nicolas, c'est le 6 décembre.*

1. La Saint Valentin (14.02.): *La Saint-Valentin, c'est le...* ______________________________
2. La fête nationale française (14.07.): ______________________________
3. La journée de la femme (08.03.): ______________________________
4. La fête du travail (01.05.): ______________________________
5. La nuit des Walpurgis (30.04.): ______________________________
6. La fête de la musique (21.06.): ______________________________
7. La fête nationale suisse (01.08.): ______________________________

Couleur locale

Wenn Sie einen französischen Freund fragen: *Wann machst du deine Steuererklärung?* oder *Wann lädst du mich auf den Champs-Élysées zum Essen ein?* wird er vielleicht antworten: *À la Saint Glinglin*. Glinglin ist ein Heiliger, den es nie gab. Was *à la Saint Glinglin* passieren soll, wird also mit großer Wahrscheinlichkeit nie stattfinden!

Grammaire

3 Kreuzen Sie das passende direkte Pronomen an.

1. Les vins français, nous [a] les [b] l' adorons.
2. Martine, je ne [a] la [b] le déteste pas du tout, non, je [a] la [b] l' adore.
3. Le programme des festivals, je [a] l' [b] les ai trouvé à l'office du tourisme.
4. Le canif, tu ne [a] le [b] les donnes pas aux enfants.
5. Son père ? Il [a] le [b] l' aime vraiment beaucoup.

4 Beantworten Sie die Fragen, indem Sie das direkte Pronomen anstelle der kursiv geschriebenen Satzelemente verwenden.

Beispiel:
Vous réservez *la chambre* ? *Oui, je la réserve.*
Tu prends *ton sac* ? *Non, je ne le prends pas.*

1. On visite *le château de Versailles* aujourd'hui ? *Non, on* ______
2. Tu montres *la maison* à nos invités ? *Oui, je* ______
3. On prend *la voiture* pour aller sur le port ? *Oui, on* ______
4. Elle laisse *les enfants* jouer dans la rue ? *Non, elle* ______
5. Ils servent encore le dîner à 22 heures ? *Oui, ils* ______
6. Vous avez trouvé *l'hôtel Saturne* ? *Non, nous* ______

5 Wie lautet das Partizip Perfekt folgender Verben?

coûter ______	partir ______	voir ______	prendre ______
aller ______	venir ______	faire ______	chercher ______
servir ______	avoir ______	être ______	dîner ______

6 Werden folgende Verben mit *être* oder mit *avoir* konjugiert? Ordnen Sie zu.

rentrer – faire – avoir – goûter – partir – trouver – voir – marcher – arriver – venir – manger – adorer

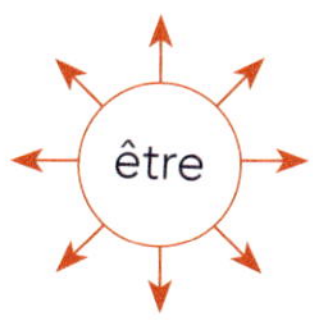

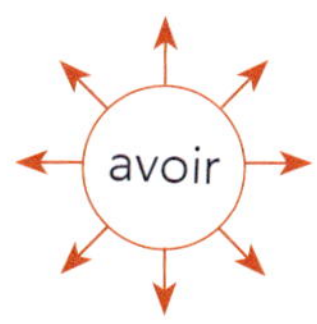

7 Ergänzen Sie den Text mit den Verben der Übung 6 im *passé composé*. Achten Sie auf die eventuelle Angleichung mit dem Subjekt.

Samedi dernier, Lou [1] ______________ 17 ans. Pour son anniversaire, elle [2] ______________ une excursion au bord de la mer, à Étretat*, avec ses parents. Ils [3] ______________ à 8 heures du matin et ils [4] ______________ à 9 heures. Lou [5] ______________ les falaises d'Étretat magnifiques. Ils [6] ______________ un peu au bord de la falaise, puis ils [7] ______________ dans un restaurant. Lou [8] ______________ la boisson typique de Normandie, le calvados, et [9] ______________ ça ! L'après-midi, ils [10] ______________ le musée Flaubert à Rouen. Ils [11] ______________ vers 17 heures. Le soir, deux amies de Lou [12] ______________ chez elle avec des fleurs et une bouteille de champagne. C'était une très belle journée !

**Étretat ist ein Badeort in der Normandie, der für seine beeindruckenden Kalkfelsen bekannt ist.*

Communication

8 Gespräche an der Rezeption eines Hotels. Bilden Sie die Sätze und finden Sie heraus, ob jeweils ein Tourist oder der Hotelangestellte spricht.

	touriste	employé
1. pour / Nous / une / euros. / avons / chambre / encore / soixante-quinze / double	☐	☐
2. nous / montons /vos / bagages / les / Laissez / ici, / dans / chambre. / votre	☐	☐
3. et / trois nuits. / Nous / pour / une / deux personnes / pour / voulons / chambre / réserver	☐	☐
4. devant / garer / peut / hôtel ? / l' / voiture / la / On	☐	☐
5. Nous / séjour ! / passé / bon / un / avons / très	☐	☐
6. cartes / pas / ne / de / Désolé, / nous / crédit. / les / prenons	☐	☐
7. chambres / cour : / la / calmes. / elles / Les / sur / donnent / très / sont	☐	☐

9 **Was hat Monsieur Malchance während seines Wochenendes in Cannes gemacht? Betrachten Sie die Bilder und erzählen Sie im *passé composé*.**

Beispiel: Vendredi, il n'a pas trouvé de camping. Il a dormi dans un hôtel très cher.

Samedi : faire les courses / oublier sa carte de crédit

____

____

Dimanche : pleuvoir / ne pas faire de promenade – partir de Cannes / rentrer chez lui ____

____

Compréhension

10 **Lesen Sie den Text und korrigieren Sie die Aussagen.**

Un hôtel très spécial

Le phare[1] de Kerbel
Passez une ou plusieurs nuits dans la chambre en haut du phare de Kerbel, près du village de Riantec, en Bretagne. Le panorama est magnifique.

La maison du gardien
Vous êtes plus de deux personnes ? Vous pouvez aussi réserver la maison du gardien[2] (possibilité de loger quatre personnes) avec, au rez-de-chaussée, un salon, une très belle véranda et un coin cuisine, et à l'étage, une chambre avec deux lits simples et une chambre avec un lit double, une salle d'eau et des toilettes.

Les activités
Allez explorer les villes de Port Louis ou Lorient, faites des excursions sur l'île[3] de Groix ou Belle-Île, déjeunez ou dînez dans les restaurants gastronomiques locaux.

Prix
Chambre à partir de 500 euros (petit-déjeuner inclus)

[1] le phare : *Leuchtturm*, [2] le gardien : *Wächter*, [3] l'île : *Insel*

1. Le phare de Kerbel est en Normandie. *Non, ...* ______________________
2. On peut réserver la maison du gardien pour un groupe de six personnes. ______________________
   ____
3. Les toilettes sont au rez-de-chaussée. ______________________
4. On peut visiter Toul et Strasbourg. ______________________
5. La chambre coûte 500 euros avec le dîner. ______________________

Unité 10 À TABLE !

Vocabulaire

1 Kreuzworträtsel. Tragen Sie die Lösungswörter in die Kästchen ein.

1. Elle préfère la viande cuite à…
2. Où est la bouteille ? Les enfants ont … et veulent boire.
3. Vous prenez la voiture ? Vous pouvez boire une … d'alcool, mais pas plus !
4. On attend la … de maison pour commencer à manger.
5. Nous avons préparé un … froid pour les invités avec des salades.
6. Tu me sers un … de gâteau, s'il te plaît ?
7. Le … est une boisson de Bretagne. On le fait avec des pommes.
8. Comme … , vous choisissez du pâté ou une salade ?
9. Tu as quarante ans aujourd'hui ? … anniversaire !

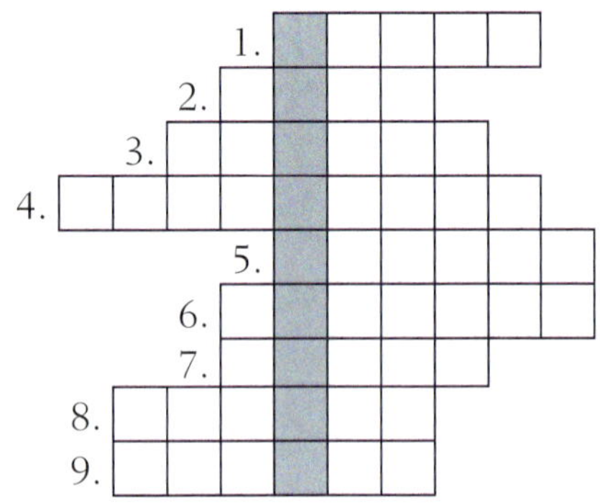

2 Ordnen Sie die Begriffe den Bildern zu.

1. un gâteau ☐
2. un concombre ☐
3. une fourchette ☐
4. du sel ☐
5. un plat ☐
6. des crevettes ☐
7. des épinards ☐
8. du maïs ☐

a 
b 
c 
d 
e 
f 
g 
h 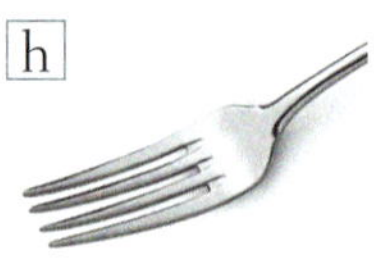

Grammaire

3 Ergänzen Sie die Tabelle mit den richtigen Verbformen.

	choisir		servir	partir
je	choisis			pars
nous		grossissons	servons	

4 Ergänzen Sie die Geschichte mit den passenden Formen von *choisir*, *grossir*, *servir* oder *partir*.

Serge travaille dans un café-restaurant. Il [1] ______________ les repas aux clients de midi à 14 heures 30. Madame Marchin vient manger tous les jours. Comme dessert, aujourd'hui, elle [2] ______________ une salade de fruits.

Vous ne [3] ______________ pas la forêt noire, madame Marchin ? Non, je [4] ______________ trop vite. Mais non, vous ne [5] ______________ pas… Vous êtes très mince !

Alors, madame Marchin prend la forêt noire et un café. Ensuite, elle [6] ______________ au bureau. Il est 15 heures. Les derniers clients terminent leurs assiettes et [7] ______________ aussi.

5 Bilden Sie sechs Sätze.

Je/J'	attends	le film en anglais.
Tu	doivent	un ami devant la mairie.
Il/Elle/On	comprend	payer les boissons.
Nous	attendez	la philosophie d'Emmanuel Kant.
Vous	comprenons	le bus à cinq heures.
Ils/Elles	dois	téléphoner à la banque.

6 Was ersetzen die Objektpronomen? Verbinden Sie.

1. Je *lui* propose d'aller au cinéma.
2. Tu *leur* as demandé la recette du gâteau ?
3. Nous *les* visitons souvent.
4. Tu *le* trouves dans mon sac.
5. Ils *l'*ont invité pour leur fête d'anniversaire.

a. le directeur du service informatique
b. aux amis de Fabienne
c. les musées de la ville
d. à mon fils
e. le téléphone portable

7 Beantworten Sie die Fragen, indem Sie die kursiv geschriebenen Wörter durch die Objektpronomen *le*, *la*, *l'*, *les* oder *lui*, *leur* ersetzen.

1. Vous avez téléphoné *à vos parents* ?

   Oui, nous ______________________________

2. Tu trouves *l'argument de Mathilde* intéressant ?

   Non, je ______________________________

3. Vous aimez *les compliments* ?

   Oui, je ______________________________

4. Il a demandé le chemin *à la femme blonde* ?

   Oui, il ______________________________

8 Ergänzen Sie die fehlenden Reflexivpronomen.

1. Chloé et Firmin sont frère et sœur. Un jour ils _______ adorent, un jour ils _______ détestent !
2. Je _______ entends très bien avec mes voisins ! Je les invite souvent à la maison.
3. À quelle heure vous _______ retrouvez demain, toi et ta sœur ?
4. Éric et moi, nous _______ voyons souvent : nous travaillons dans la même administration.
5. Tu _______ occupes du champagne ? Moi, j'apporte les jus de fruits.
6. Elle _______ achète une grande télé pour regarder des films d'action.

Communication

9 Kreuzen Sie die passenden Antworten an. Mehrere Antworten sind möglich.

1. Qu'est-ce que tu choisis comme entrée ?
   - a Je voudrais des crudités.
   - b Oui, volontiers. Il y a de la salade ?
   - c Un porto, s'il te plaît.
2. Tu reprends un peu de gâteau ?
   - a D'accord, mais juste une goutte.
   - b Oui mais un tout petit morceau.
   - c Non merci, je le trouve un peu lourd.
3. Où est-ce qu'on va ?
   - a Je propose « Chez Camillou ».
   - b C'est en face de la gare.
   - c À la crêperie ?
4. Qui veut encore de la salade ?
   - a S'il te plaît.
   - b C'est vraiment délicieux.
   - c Moi.
5. L'entrecôte, vous la voulez comment ?
   - a Je désire avoir du riz ou des pommes de terre.
   - b À point.
   - c Quelque chose de léger.

10 Ergänzen Sie die Sätze unter Verwendung folgender Elemente, um einen Gegensatz auszudrücken. Denken Sie daran, die Adjektive anzugleichen.

Beispiel: La salade de concombre est légère mais *les crêpes au chocolat sont lourdes.*

éléphant/énorme | les Lemoine/refuser | Jean-Benoît/boire/goutte de vin | quiche/salé | être satisfait/dessert | entrecôte/bien cuite | ~~crêpes au chocolat/lourd~~

1. La famille Fakri a accepté notre invitation mais ______________________________
2. Un insecte, c'est très petit mais ______________________________
3. Le gâteau est sucré mais ______________________________
4. Alice a bu beaucoup de bière mais ______________________________
5. Je ne suis pas content de l'entrée mais ______________________________

Compréhension

11 Lesen Sie die Broschüre. Beantworten Sie dann die Fragen mit *oui* oder *non*. Unterstreichen Sie die Satzteile, die Ihre Entscheidung begründen.

L'AFIDOL (association[1] française interprofessionnelle de l'olive) propose un programme appelé « l'huile d'olive à l'école des chefs » pour les professeurs de cuisine. Au menu : des idées pour cuisiner avec de l'huile d'olive, des recettes délicieuses, des outils[2] pédagogiques.

Des idées d'utilisation[3]

Deux ou trois petites gouttes font une énorme différence[4]…

- sur une purée de pommes de terres, des pâtes, des légumes ou du poisson
- à l'apéritif : sur du pain grillé avec de la tomate et des herbes de Provence
- en mayonnaise avec des œufs, des crudités ou des crevettes
- avec des desserts : par exemple, sur du fromage blanc avec du sucre, sur une salade d'orange ou de fraises
- en glace
- etc.

[1] l'association : *Verein*, [2] l'outil : *Werkzeug*, [3] l'utilisation : *Verwendung, Gebrauch*, [4] la différence : *Unterschied*

	oui	non
1. Est-ce que AFIDOL est le nom d'un programme pédagogique ?	☐	☐
2. Est-ce que « l'huile d'olive à l'école des chefs » est un programme pour les enfants ?	☐	☐
3. Est-ce qu'on doit prendre une grande quantité d'huile d'olive pour faire un bon plat ?	☐	☐
4. Est-ce qu'on peut faire des entrées avec de l'huile d'olive ?	☐	☐
5. Est-ce que l'huile d'olive est aussi un parfum de glace ?	☐	☐

Couleur locale

Frankreich ist der fünftgrößte Welthersteller für Olivenöl, auch „grünes Gold" genannt. Beim Kauf einer Flasche sollte man auf einige Qualitätsmerkmale achten. Preis und Schönheit des Etiketts sind keine Garantie für gute Qualität. Viel wichtiger ist es, dass die Herkunft (Region oder Land) ausgewiesen wird, dass die Oliven kalt gepresst wurden und dass es sich um die erste Pressung handelt.

POUR APPROFONDIR

Plaisir de lire

1 Betrachten Sie das Dokument und kreuzen Sie an.

Es stammt [1] aus einem Reiseführer, [2] aus einem Artikel oder [3] aus einer Hotelwerbung.

Où dormir?

Petits budgets	[a] **HÔTEL MALIKA** (Tel : 453258, avenue Habib Bourguiba ; 5 DT* / personne ; douches communes à l'étage)	Central. Les chambres avec fenêtres ou balcon donnent sur l'avenue Bourguiba. Bruyant, mais bon marché.
Catégories moyennes	[b] **HÔTEL DES JARDINS** (Tel : 4545670 av. de l'environnement ; chambre simples et doubles 15/ 30 DT)	Chambres agréables et bon restaurant dans un parc calme, à environ 1 km du centre-ville.
Catégories supérieures	[c] **HÔTEL LA PALMERAIE** (Tel : 454 908 ; avenue Kacem Ech-Chabbi; chambres à partir de 100 DT)	Chambres très belles et confortables avec salle de gym, court de tennis, piscine et salle de jeux pour les enfants.

*DT : *Dinar (tunesische Währung)*

2 Lesen Sie nun das Dokument und beantworten Sie die Fragen.

Lesen Sie gezielt. Welche Informationen brauchen Sie und wo finden Sie sie?

Dans quel hôtel vous allez si...

1. vous n'avez pas beaucoup d'argent ? ☐
2. vous voyagez avec des enfants ? ☐
3. vous aimez la nature et vous ne voulez pas sortir le soir pour chercher un restaurant ? ☐
4. vous aimez faire du sport ? ☐

Autoévaluation

Bearbeiten Sie folgende Aufgaben und vergleichen Sie anschließend mit den Lösungen im Anhang. Für jede richtige Antwort erhalten Sie einen Punkt. Im *Bilan* (S.15) wird Ihr Ergebnis ausgewertet.

Grammaire

3 Setzen Sie die Verben ins *présent*.

1. Ils (partir) _______ à Lyon pour un séminaire mais ils ne (connaître) _______ pas du tout la ville.
2. Vous (attendre) _______ cinq minutes, les enfants. Je (devoir) _______ téléphoner.
3. Tu (choisir) _______ le vin ?

Punktzahl: _____ /5

4 Ergänzen Sie mit *le, la, l', les, lui* oder *leur*.

1. Sa fille, il _______ adore. Il _______ achète des souvenirs de vacances.
2. Demain, Marc et Luc vont chez leurs amis. Ils doivent _______ dire à quelle heure.
3. Nous faisons un gâteau. Nous _______ faisons avec beaucoup de chocolat.
4. Ma maison, comment tu _______ trouves ?

Punktzahl: ____/5

5 Setzen Sie die Verben ins *passé composé*. Denken Sie an die eventuelle Angleichung der Partizipien.

1. Vous (aller) ___________ en Alsace ? Vous (visiter) ___________ Strasbourg ?
2. Elle (venir) ___________ à la maison après le travail.
3. Vous (prendre) ___________ le petit-déjeuner ? Qu'est-ce que vous (manger) ___________ ?

Punktzahl: ____/5

Communication

6 Sie haben schon so viel gelernt! Verbinden Sie die Redeabsichten mit den entsprechenden französischen Ausdrücken. (Mehrere Antworten sind möglich.)

Ich möchte:

1. mich über ein Hotel informieren und ein Zimmer buchen.
2. das Datum angeben.
3. im Restaurant bestellen und die Rechnung verlangen.
4. etwas vorschlagen.
5. über Vergangenes erzählen.
6. über das Essen sprechen.
7. jemandem zum Geburtstag gratulieren.
8. etwas anbieten, annehmen oder ablehnen.

Ich kann sagen:

a. Samedi, on est allés au restaurant.
b. Je choisis le menu à 12 euros.
c. Vous servez le petit-déjeuner à quelle heure ?
d. Je n'aime pas la purée : c'est un peu lourd.
e. On va au bord de la mer demain ?
f. Bon anniversaire !
g. Nous voudrions la note, s'il vous plaît.
h. Je pourrais avoir l'addition ?
i. C'est délicieux !
j. Combien coûte la chambre double ?
k. Volontiers.
l. Aujourd'hui, nous sommes vendredi 19 février.
m. La fête du travail, c'est le premier mai.
n. Excellent, ce gâteau ! Tu me donnes la recette ?
o. J'aimerais réserver pour trois nuits.

Punktzahl: ____/15

Gesamtpunktzahl: ____/30

Unité 11 EN CORSE

Vocabulaire

1 **Ihr Einkaufszettel wurde zerschnitten. Finden Sie die Kleidungsstücke und ordnen Sie sie den Bildern zu. Markieren Sie die femininen Nomen rot, die maskulinen blau.**

ves | ju | chau | cha | espa | pan | che | mai | lun | ro

ss | ta | llot

de bain | drilles | ettes | mise | lon | ures | pe | be | peau | te

1  ____________

2  ____________

3 ____________

4  ____________

5  ____________

6  ____________

7  ____________

8  ____________

9  ____________

10  ____________

2 **Welche Farben haben diese Flaggen bzw. dieses Wappen?**

1. l'Europe
____
____
____

2. le Sénégal
____
____
____

3. le Canada
____
____
____

4. la Guadeloupe
____
____
____

3 **Claude und Nicole reisen nach Korsika. Was nehmen sie mit? Benennen Sie die Kleidungsstücke und ihre Farben. Achten Sie auf die Angleichung.**

Claude prend :

une ____________

un ____________

un ____________

des ____________

Nicole prend :

une ____________

une ____________

des ____________

des ____________

4 Kreuzen Sie die passenden Ausdrücke an.

1. Tes cousins viennent ce soir ? Notre dîner en tête-à-tête tombe [a] au sec [b] à l'eau.
2. Nous [a] allons faire [b] nous réjouissons du magnifique soleil et de la mer bleue.
3. Le voyage en ferry de Nice à Bastia [a] emporte [b] dure une nuit.
4. L'incendie se propage rapidement en raison [a] du vent [b] de la fumée.
5. Qu'est-ce que vous avez [a] prévu [b] attendu pour demain ? Plongée ou voile ?
6. On va bien trouver un hôtel [a] quelque part [b] partout ailleurs.
7. Je prends un pull pour la randonnée. On ne sait pas : il va [a] rapidement [b] peut-être faire froid.

Grammaire

5 Boris schreibt seinem Freund Michel eine E-Mail, um über seine nächsten Sommerferien zu sprechen. Setzen Sie die Verben ins *futur composé*.

Nouveau message

Fichier Edition Affichage Message Insertion Formater ?

A : m.chevalier@hotmail.fr

Cc :

Objet : Nouvelles

Salut Michel,

Amélie et moi, nous (partir) __________________ à la mer deux semaines.

Amélie (profiter) __________________ du soleil pour lire sur la plage et moi je

(faire) __________________ de l'escalade. Et toi, est-ce que tu (accueillir) __________________

tes parents cette année ? Est-ce qu'ils (venir) __________________ en juillet ou en août ?

Vous (voir) __________________ ton frère ?

À bientôt,

Boris

6 Ergänzen Sie die Sätze mit den passenden Formen von *mettre*.

1. Tu ___________ ton pull rouge ou ta chemise bleue ?
2. Les enfants ! Il pleut ! Vous ____________________ une veste imperméable !
3. Nous ____________________ des bonnes chaussures de marche pour faire de la randonnée.
4. Qu'est-ce qu'ils ____________________ pour sortir en discothèque ?
5. Je ne ___________ pas de chapeau de soleil, il y a des nuages.
6. On ne ___________ pas d'espadrilles avec une robe élégante !

Communication

7 **Schauen Sie sich die Wetterkarte an und verbinden Sie die Satzelemente.**

À Paris,		pleut.
À Mulhouse,		froid.
Dans le centre de la France,	il	neige.
Dans le nord,	il fait	des nuages.
Dans le sud-est,	il y a	un orage.
En Bretagne,		du soleil.
Sur la côte atlantique,		du vent.

8 **Was passt zusammen? Verbinden Sie.**

1. Présenter le programme des activités.
2. Parler de la météo.
3. Demander où est-ce qu'une ville se trouve.
4. Exagérer.
5. Faire un compliment.

a. Ta robe est magnifique. La couleur te va très bien.
b. C'est dans le nord de la France ? Nord-ouest ou plutôt nord-est ?
c. Il pleut et il fait froid.
d. Aujourd'hui, on fait une randonnée, et demain, c'est plage et détente pour tout le monde !
e. Tous les étés, c'est la même chose : il y a trois milliards de touristes sur les plages.

Compréhension

9 **Marie und ihre Freunde segeln um Korsika. Lesen Sie die Ausschnitte ihres Blogs und verbinden Sie sie mit den Überschriften.**

1. Le mauvais temps n'est pas grave ! ☐
2. Marie et Alex ont des projets de vacances pour l'été. ☐
3. Les amis aiment beaucoup la gastronomie locale. ☐
4. Mauvaise météo. ☐
5. Journée soleil et détente. ☐
6. Incendie. ☐

Journée soleil

a **01 juin**
Alex et moi, nous aimons le calme et la nature. Pendant les vacances, nous faisons souvent de la randonnée dans les montagnes. Mais cette année, nous avons décidé de faire le tour de Corse à la voile en juillet, avec deux amis, Jeanne et Antoine. Nous étudions déjà les cartes des routes maritimes et nous nous réjouissons ! (...)

b **15 juillet**
Nous sommes à Bastia. Le soir, nous nous promenons un peu dans la vieille ville et nous mangeons dans un petit restaurant. Je prends une assiette de charcuterie et de fromages et Jeanne prend une soupe corse traditionnelle. Jeanne et Antoine préfèrent la pizza aux fruits de mer. Délicieux ! Nous dormons au port. (...)

c **17 juillet**
Aujourd'hui, il y a peu de vent. La mer est calme. Nous n'allons pas vite mais ce n'est pas un problème. Nous sommes en vacances, non ? Nous avons le temps !! Nous avons sorti les bikinis : activités bronzage, lecture et bavardages sur le pont ! L'eau est magnifique. (...)

d **24 juillet**
Les températures sont exceptionnelles : 39 degrés ! Il y a aussi beaucoup de vent. Nous sommes à dix kilomètres de la côte. On peut voir l'île. On voit au loin* de gros nuages noirs de fumée : il y a un feu quelque part. Nous espérons qu'il ne va pas se propager. (...)

e **26 juillet**
Le matin, il ne fait pas beau. On met les pulls et les vestes imperméables. Alex écoute le bulletin météo. Des orages sont attendus dans l'après-midi. Nous préférons ne pas continuer. Nous faisons une halte à l'Île-Rousse. (...)

f **27 juillet**
Il pleut. Les visites de la ville tombent à l'eau. On profite du mauvais temps pour faire les courses. On joue au scrabble et aux cartes. Finalement, on oublie les nuages et on s'amuse bien.

*au loin : *in der Ferne*

Couleur locale

Wenn Sie nicht nach Korsika segeln wollen, können Sie mit der Fähre dorthin fahren. Drei Häfen Frankreichs (Marseille, Nizza und Toulon) sind mit Korsika durch Fähren verbunden. Von Nizza nach Île Rousse brauchen Sie drei Stunden. Nach Bastia fahren Sie allerdings 15. Es ist möglich, nachts zu reisen. An Bord gibt es sogar Kinos und Diskotheken.

Unité 12 À PARIS

Vocabulaire

1 Welche Definition passt zu welchem Wort?

1. a. C'est très fatigant.
   b. Ce n'est pas léger.
   c. Tout le monde le connaît.

   A. épuisant
   B. célèbre
   C. lourd

2. a. C'est une chose intéressante à voir ou à visiter.
   b. C'est une colline.
   c. C'est un quartier administratif dans les grandes villes.

   A. une butte
   B. un arrondissement
   C. une curiosité

3. a. venir habiter quelque part
   b. prendre la place de quelqu'un ou quelque chose
   c. faire une nouvelle maison ou un nouveau bâtiment

   A. remplacer
   B. s'installer
   C. construire

2 Ordnen Sie die Begriffe den folgenden Kategorien zu.

la ligne de R.E.R. – l'écrivain – le peintre – la basilique – le vélo – le plan de métro – le tram – les autos – l'obélisque – à pied – la pyramide – le musicien – l'église – le poète

les transports	les monuments	les artistes

Grammaire

3 Formulieren Sie die Fragen mit *est-ce que* (mit begleitendem oder ohne begleitendes Fragewort).

1. Vous avez acheté un plan de la ville ? ____________________
2. On prend le bus où ? ____________________
3. Comment vont-ils à la basilique ? ____________________
4. Les musées sont fermés quand ? ____________________
5. Tu vas visiter quoi à Paris ? ____________________

4 **Ergänzen Sie die Sätze mit den passenden Formen von *perdre*, *dire* und *découvrir*.**

1. Qu'est-ce que vous __________ ? 2,2 millions de Français habitent à Paris ? C'est énorme !
2. On se __________ facilement dans les petites rues du Quartier latin.
3. À l'office du tourisme, ils nous __________ que les musées sont fermés le lundi.
4. En bus, les touristes __________ la ville mais les Parisiens __________ leur temps : ils préfèrent le métro, c'est plus rapide.
5. Ensemble, nous flânons et __________ les quais de la Seine. C'est magnifique.
6. Un enfant __________ la langue très jeune. À partir de dix mois, il __________ deux ou trois choses comme « maman » ou « papa ».

5 **Geschichten werden in der Vergangenheit erzählt. Setzen Sie die Verben ins *passé composé*.**

On était dans les magasins du Boulevard Rivoli. Il était dix-sept heures. Il y avait beaucoup de monde.

1. On (découvrir) __________ une petite boutique avec des vêtements super et pas chers.
2. Je/J' (choisir) __________ un beau pull bleu et vert et Marise (prendre) __________ un pantalon.
3. Quand Marise (vouloir) __________ payer, elle (ne pas trouver) ______________ son porte-monnaie.
4. Elle (dire) ________________ : « Je le/l' (oublier) ________________ à la maison. »
5. Elle (téléphoner) __________ à ses enfants pour leur demander de regarder sur la table de la salle à manger. Mais les enfants (regarder) ____________ partout : ils (ne rien voir) ____________ .
6. Marise (dire) __________ : « Alors, je le/l' (perdre) __________ ou on me le/l' (voler) ________ . »
7. Ensemble, on (aller) ____________ au poste de police.

Communication

6 **Bringen Sie die Dialogteile 1.–8. in die richtige Reihenfolge.**

1. Ah, super ! Les petites rues donnent une bonne idée de l'ambiance médiévale, vous ne trouvez pas ? Vous avez aussi visité Notre Dame de Paris ? ☐
2. Oui, elle est très belle. Et vous avez pris le métro ? ☐
3. Non, nous avons préféré prendre un carnet de dix. Mais ce soir, nous prenons le taxi ! Eh oui, nous sortons et tu es notre invitée ! Pour le théâtre ou pour l'opéra, au choix ! ☐
4. Épuisant ! Mais magnifique... On est partis de la maison et on a marché jusqu'au quartier latin. ☐
5. Salut vous deux ! Alors, la balade dans Paris, c'était comment ? *1*

6. Oui. D'abord, on a flâné un peu sur les quais de la Seine, mais ensuite, il a commencé à faire froid. Alors, on a pris les transports en communs. On est descendus à la station Abbesses et on fait une promenade à Montmartre. ☐

7. Ah, bonne idée ! Vous avez pris un ticket valable toute la journée ? ☐

8. Bien sûr ! On a adoré. C'est un vrai joyau architectural. ☐

Compréhension

7 Finden Sie zu jedem Textabschnitt das passende Bild auf der folgenden Seite.

LE MÉTRO PARISIEN : HISTOIRES ET ANECDOTES

La première ligne de métro

1. À la fin du 19ème siècle, avec la révolution industrielle, Paris s'agrandit. La circulation et l'organisation des transports deviennent problématiques. À Londres et New York, les premiers métros fonctionnent déjà. La capitale française commence elle aussi à discuter différents projets de réseaux.
2. De 1898 à 1900, la ville de Paris construit la première ligne de métro, entre la porte Maillot et la porte de Vincennes. Elle est ouverte le 19 juillet 1900. Un train passe toutes les dix minutes. Rapidement, les Parisiens s'habituent à ce mode de transport.

Meteor

3. La ligne 14, appelée aussi METEOR est ouverte depuis octobre 1988 et traverse Paris d'est en ouest. Chaque heure et dans chacune des deux directions, 25 000 personnes prennent les trains[1] de la ligne 14. Complètement automatique, elle frappe par la modernité de sa technologie.

Les stations mystérieuses

4. Si vous regardez un plan d'avant 1939, vous découvrez des noms de stations plutôt mystérieux : Arsenal, Saint-Martin, Croix-Rouge. Les voyageurs[2] peuvent les voir par la fenêtre[3] du métro, mais là, on ne peut pas descendre. En effet, ces stations sont fermées depuis 1939. Il y a aussi des «stations fantômes[4] », (stations Haxo et Porte Molitor) construites pour agrandir le réseau, mais finalement jamais ouvertes.

[1]le train : *Zug*, [2]le voyageur : *Reisender*, [3]la fenêtre : *Fenster*, [4]fantôme : *Geister...*

a

b

c

d

8 Unterstreichen Sie in den vorherigen Texten die Elemente, die Folgendes ausdrücken.

1. Der Verkehr und die Organisation der Verkehrsmittel werden problematisch.
2. Die Pariser gewöhnen sich schnell an diese neue Art von Verkehr(smitteln).
3. Die Modernität ihrer Technologie fällt auf.
4. Sie können Namen von eher mysteriösen Stationen entdecken.
5. [...] gebaut um das Netz zu vergrößern, aber letztendlich für die Reisenden nie geöffnet.

Couleur locale

Der Eingang der Metrostation Abbesses in Montmartre ist einer der beeindruckendsten von Paris. Er wurde im Jugendstil Anfang des 20. Jahrhunderts entworfen. Abbesses ist auch die am tiefsten gelegene Station von Paris: 36 m unter der Erde. Zwei Treppen und zwei Fahrstühle verbinden den Eingang mit den unteren Bahnsteigen. Wenn Sie Montmartre besichtigen möchten, können Sie an dieser Station aussteigen.

6 POUR APPROFONDIR

Plaisir de lire

Literarische Texte sind nicht immer hundertprozentig zu verstehen, sondern eher nachzuempfinden. Versuchen Sie, die vom Erzähler beschriebene Stimmung zu erspüren. Wichtig ist es zunächst, den Text global zu verstehen. Erst danach sollten Sie ins Detail gehen.

1 Lesen sie den Text von Leslie Kaplan, einer französischen Schriftstellerin. Kreuzen Sie die Wörter der Liste an, die Sie mit dem Inhalt assoziieren.

1. Ferien ☐ 2. Berge ☐ 3. Entspannung ☐ 4. Meer ☐

5. Stadt ☐ 6. Arbeit ☐ 7. Glück ☐ 8. Beziehung ☐

On part en vacances, on visite une plage. Il y a des galets, un bateau bleu. On dort dans un hôtel *fleuri*.
Le port est calme. Façades *inconnues*. Des tramways rouges circulent, *pendus à leurs fils*. Il y a des fêtes dans des petites rues, des rêves d'enfant.
La plage et la *jetée*, et la mer, heureuse. On la *reconnaît*. On la reconnaît exactement. On reste sur les terrasses, on boit du vin blanc. On fait des photos *l'un de l'autre*. On les garde.

Le livre des ciels. P.O.L. Éditeur, Paris 1983

2 Unterstreichen Sie die Sätze, in denen über Freizeitaktivitäten gesprochen wird.

3 Lesen Sie den Text noch einmal mit Hilfe der angegebenen Vokabeln.

fleuri/e : *blumig*
inconnu/e : *unbekannt*
pendus à leurs fils : *an ihren Drähten hängend*
l'un de l'autre : *voneinander*
le galet : *Kieselstein*
la jetée : *Hafenmole*
reconnaître : *wiedererkennen*

Autoévaluation

Bearbeiten Sie folgende Aufgaben und vergleichen Sie anschließend mit den Lösungen im Anhang. Für jede richtige Antwort erhalten Sie einen Punkt. Im *Bilan* (S. 15) wird Ihr Ergebnis ausgewertet.

Grammaire

4 Setzen Sie die Verben ins *futur composé*.

Mercredi, il (ne pas faire) __________ beau. Alors, on (aller) __________ au Louvre.

Je (acheter) __________ les billets sur Internet. Tu (voir) __________ , ce musée est magnifique !

Nous (passer) __________ une bonne journée !

Punktzahl: ____ /5

5 **Setzen Sie die Verben ins *présent*.**

1. Quand les enfants (découvrir) __________ le « non », ils le (dire) __________ mille fois par jour.
2. Pour sortir, je (mettre) __________ ma veste noire et un jean.
3. Mon grand-père (dire) __________ qu'on (découvrir) __________ la vie à soixante-dix ans.

Punktzahl: ____/5

6 **Kreuzen Sie die passenden Fragen an.**

1. [a] Où est-ce qu' [b] Qu'est-ce qu' on achète la carte Mobilis ?
2. [a] Quand [b] Quand est-ce que le musée ferme ?
3. Avec la grève des métros, vous allez à la gare [a] comment [b] comment est-ce que ?
4. Vous allez faire [a] qu'est-ce que [b] quoi aujourd'hui ?
5. [a] Quoi [b] Combien ça coûte ?

Punktzahl: ____/5

Communication

7 **Verbinden Sie die Redeabsichten mit den entsprechenden französischen Ausdrücken. (Mehrere Antworten sind möglich.)**

Ich möchte:
1. sagen, was ich vorhabe.
2. Ortsangaben machen.
3. Kleidungsstücke benennen.
4. das Wetter beschreiben.
5. erzählen, was ich gemacht habe.
6. den Rahmen einer Handlung beschreiben.
7. den Weg beschreiben.
8. Auskünfte erfragen.

Ich kann sagen:
a. Il fait lourd et chaud.
b. Il y a du verglas.
c. On a marché toute la journée.
d. Tu prends un t-shirt et des chaussures de marche.
e. Il y avait une grève.
f. Bonifaccio est dans le sud de l'île.
g. Je vais prendre l'avion.
h. Vous prenez la ligne 1 et vous changez à la station Châtelet.
i. Voilà mon pull vert.
j. Bastia se trouve sur la côte ouest.
k. Continuez à pied, ça ne vaut pas la peine de changer.
l. Il va pleuvoir.
m. Le métro, ça marche comment ?
n. Des nuages arrivent.
o. La carte est valable toute la journée ?

Punktzahl: ____/15

Gesamtpunktzahl: ____/30

LÖSUNGEN

Bonjour!

1 1. la Provence ; 2. la Champagne ; 3. la Touraine ; 4. l'Alsace ; 5. la Normandie

2 1. bonjour ; 2. pardon

3 1. J, U ; 2. Y, E ; 3. Z ; 4. H, E ; 5. U, G ; 6. V, E, C

4 1. appelle ; 2. suis ; 3. suis

Unité 1

1 1. Bonjour. C'est vous le papa de Mathieu ? Oui, c'est ça. Et vous ? Vous êtes madame Schneider?
2. Salut, je m'appelle Sophie. Moi, je suis Valentin et voilà Tobi. Il est très sympa.

2 ● = r ; ★ (green) = e ; ✿ = i ; ★ (orange) = c ; ♥ = a ; ▲ = h
Bonjour. Je suis monsieur Duboulon.
Bonjour. Moi, c'est madame Guluk. Ou simplement Rachida. Entrez ! Voilà la maison !
Er denkt: Ma chérie...

3 demain ; au revoir ; aider ; bonjour ; enfant ; bonsoir ; super ; comment ; gentil ; merci ; monsieur

4 *le* : champagne, camembert, chéri, papa ; *la* : baguette, chérie, mousse au chocolat ; *l'*: amour, école ; *les* : châteaux, maisons, enfants, (les champagnes, les amours, les baguettes, les camemberts, le château, les écoles, la maison, les chéris, les papas, les chéries, les mousses au chocolat, l'enfant)

5 1. tu es ; 2. nous sommes ; 3. tu es, il/elle/on est ; 4. je suis ; 5. nous sommes, ils/elles sont

6 1. est ; 2. suis ; 3. sommes ; 4. sont ; 5. es ; 6. êtes

7 C ; A ; B ; D ; F ; E

8 1. d ; 2. b ; 3. e ; 4. a ; 5. c

9 1. a/b ; 2. a/c ; 3. b ; 4. b ; 5. a/b

10 1. a/b ; 2. c ; 3. a/d ; 4. b ; 5. b/d

Unité 2

1 *boissons chaudes :* le café crème, le thé, l'infusion, le capuccino ; *boissons froides alcoolisées :* le porto, le pastis, le vin blanc, le demi ; *boissons froides non alcoolisées :* la limonade, l'eau minérale gazeuse, le jus d'orange, le coca

2 1. un jus d'orange ; 2. une école ; 3. une cacahouète ; 4. au revoir

3 aider, gentil, magasin, maison, collègue, limonade, toujours, banque, payer, dans, administration, journal, privé ; *Nachricht:* Bravo, vous êtes super !

4 1. prenons ; 2. prends ; 3. prenez ; 4. prends ; 5. prennent ; 6. prend

5 1. des ; 2. Une, Un ; 3. une ; 4. des, une ; 5. un

6 *Lösungsvorschlag:* Je voudrais prendre un apéritif. ; Tu es chez Marcel à Paris ? ; Il habite en Allemagne. ; Nous prenons une mousse au chocolat. ; Vous désirez un café ? ; Ils travaillent à la SNCF.

7 1. viens, viens ; 2. viennent ; 3. venons ; 4. vient ; 5. venez

8 1. a. Nous habitons à Marseille. ; 1. b. Nous venons de Lyon. ; 1. c. Nous désirons un enfant. ; 2. a. On est collègues. ; 2. b. On travaille à la SNCF. ; 2. c. On prend toujours le café « Chez Eugène ».

9 *Lösungsvorschlag:*
C'est qui ?
C'est Kerstin, une collègue.
Elle vient d'où ?
Elle vient de Suisse mais elle habite à Pantin, près de Paris.
C'est super !
Oui, Kerstin est très sympa. Je te présente ?
Bien sûr. C'est une bonne idée.

10 1. Tu travailles toujours dans une école près de Dijon ? ; 2. Vous habitez en Suisse, à Bâle, c'est ça ? ; 3. Je voudrais payer la bière, s'il vous plaît ! ; 4. Ils prennent une bouteille d'eau gazeuse au supermarché. ; 5. Qu'est-ce que tu prends pour l'apéritif ?

11 1. Jean-Luc ; 2. Miao ; 3. Frédéric ; 4. Stéphane ; 5. Corinne

Pour approfondir 1

1 1. a ; 2. a ; 3. b

3 1. sont, viennent, habitent, travaille ; 2. suis, présente, sommes, vient, prenons

4 1. un ; 2. les ; 3. des ; 4. le ; 5. une ; 6. l'

5 1. a ; 2. h, f ; 3. b ; 4. i ; 5. g ; 6. d ; 7. j ; 8. k ; 9. c, l ; 10. m ; 11. o ; 12. e, n

Unité 3

1 un, quatre, treize, quinze, vingt-deux, cinquante et un, trente-sept, quarante-neuf, soixante-huit

2 1. b ; 2. a ; 3. a ; 4. b

3 *waagerecht:* responsable, libraire, retraité, vendeuse, assistant, homme au foyer, technicien, secrétaire ; *senkrecht:* infirmier, chef, étudiante, fonctionnaire, ingénieur, informaticien, employé

4 *avoir :* tu as, vous avez ; *comprendre :* je comprends, tu comprends ; *pouvoir :* vous pouvez, ils/elles peuvent ; *parler :* je parle, il/elle/on parle

Rappel
Verben auf *-er*: *Unité 2*, S. 26 ; *Repères* S. 32 ; Grammatik S. 181
comprendre wie *prendre*, *Unité 2*, S. 24 ; *Repères* S. 32 ; Grammatik S. 195

5 1. avez ; 2. est ; 3. ai ; 4. sont, ont ; 5. as, es ; 6. sommes, est, avons

Rappel
être, Unité 1, S. 15 ; *Repères* S. 22 ; Grammatik S. 193
avoir, Unité 3, S. 40 ; *Repères* S. 48 ; Grammatik S. 193

6 a ; d ; f ; g ; i ; l ; n

7 1. Alfred habite à Paris. ; 2. Il a trois enfants. ; 3. Il parle très bien anglais et un peu allemand. ; 4. Il travaille dans un restaurant. Il commence à travailler à onze heures. ; 5. Il termine à 16 heures. ; 6. Il prend une bière à 18 heures 15.

8 *Lösungsvorschlag:*
1. Qu'est ce que vous faites/tu fais dans la vie ?
2. La pause café est à quelle heure ?
3. Comment on dit « bonjour » en allemand ?
4. Vous pouvez/tu peux venir à dix heures ?
5. Quels sont les horaires de travail ?
6. Vous parlez/tu parles des langues étrangères ?

9 1. F ; 2. F ; 3. F ; 4. F ; 5. V

Unité 4

1 1. chinois, grand, mince, intelligent, sympa ;
2. américaine, blonde, petite, charmante, classique, intéressante ;
3. allemand, italienne, gentil, français, étranger adorable

2 le poisson (7), les arbres (3), la ville (1), les fleurs (6), les frères (8), les parents (2), le lycée (5), la campagne (4)

3 *Paul:* intelligent, charmant, grand, mince ; *Pauline :* informaticienne, sympa, blonde

4 1. fait ; 2. font ; 3. faisons ; 4. fait, fais, fais ; 5. faites

5 1. je veux, tu veux, il/elle/on veut ; 2. nous voulons, vous voulez ; 3. ils veulent

6 1. Ah non, vraiment ! Christine n'est pas très sympathique ! ; 2. Ah non, vraiment ! Laurent ne travaille pas beaucoup ! ; 3. Ah non, vraiment ! Marc et Louis ne prennent pas souvent l'apéritif avec nous ! ; 4. Ah non, vraiment ! On ne rencontre pas souvent des gens charmants à la campagne ! ; 5. Ah non, vraiment ! Ça ne me va pas ! ; 6. Ah non, vraiment ! Je ne peux pas dire « oui ».

7 j ; d ; h ; b ; c ; e ; i ; g ; f ; a

8 Tu viens de Paris ? ; Ja, so ist es. ; La vie est chère à Paris ? ; Ja, aber es geht. Ich verdiene Geld. Ich arbeite in einem Gymnasium, ich bin Italienischlehrer. ; Tu enseignes l'italien? Et tu aimes Rome ? ; Rom, die Malerei, die Architektur, das ist natürlich alles faszinierend. Aber ich mag große Städte nicht so sehr. Ich finde es auf dem Land schöner. ; Ah bien! Nous adorons la nature, les arbres et les fleurs. Tu as un jardin ? ; Nein, aber ich habe eine kleine Terrasse. ; Bienvenue chez nous !

9 1. c, 2. a, 3. b ; A. Nana Mouskouri ; B. les frères Dardenne ; C. Daniel Cohn Bendit ; D. Daniel Cohn Bendit und Nana Mouskouri ; E. Daniel Cohn Bendit

Pour approfondir 2

1 *nom:* Paenhuysen ; *prénom:* Anne ; *âge:* 24 ans ; *nationalité :* belge ; *adresse :* Elzer Straße 8, 65556 Limburg ; *téléphone :* 0032 (0) 495 345 091 ; *profession :* étudiante ; *langue(s) parlée(s) :* un peu français, flamand, anglais ; *langue(s) visée(s) :* français

2 1. voulez, ai ; 2. fais, peux ; 3. font, ont

3 1. informaticienne, blonde, intelligente ; 2. serveur, gentil

4 1. Non, elles ne peuvent pas aller à Paris mercredi. ; 2. Non, je n'aime pas les chats. ; 3. Non, il n'est pas chorégraphe. ; 4. Non, je ne comprends pas l'espagnol.

5 1. e ; 2. f, o ; 3. m ; 4. d ; 5. b, k ; 6. a, g, l ; 7. i, j, h ; 8. c ; 9. n

Unité 5

1 1. ski ; 2. kayak ; 3. excursion ; 4. voile ; 5. jardinage ; 6. balade ; 7. randonnée ; 8. escalade ; 9. yoga

2 faires des balades ; détester le risque ; jouer au tennis ; être en pleine forme ; regarder une série ; aller au stade ; adorer les magazines politiques ; préférer les documentaires ; *Nachricht:* Vous êtes très bon !

3 1. b ; 2. a ; 3. a ; 4. a ; 5. c

4 1. Maurice fait de la natation. ; 2. Vous faites de l'escalade. ; 3. Nous faisons des claquettes. ; 4. Lili et Jo font du yoga.

Rappel
faire, Unité 4, S. 50 ; *Repères* S. 58 ; Grammatik S. 194

5 1. Georgette joue aux cartes. ; 2. Vous jouez à la pétanque. ; 3. Roger et Maurice jouent au scrabble. ; 4. Mamie et moi, nous jouons aux échecs. ; 5. Je joue au monopoly. ; 6. Les enfants jouent au papa et à la maman.

Rappel
Verben auf *-er, Unité 2,* S. 26; *Repères* S. 32; Grammatik S. 181

6 1. dans, en ; 2. à, en, en ; 3. en, en, à, à, dans

7 1. à l', de l', des, de la ; 2. de la, à l', au

8 1. fait, va, préfère, veux, est ; 2. allons, sommes, passons, faisons ; 3. sont, habitent, aiment, préfèrent, font, ont, vont, veulent

Rappel
vouloir, Unité 4, S. 52 ; *Repères* S. 58 ; Grammatik S. 195
être, Unité 1, S. 15 ; *Repères* S. 22 ; Grammatik S. 193

9 1. c ; 2. d ; 3. b ; 4. a ; 5. e

10 Mardi, à 11 h 00, il prend l'apéritif chez les Subissi. À 14 h 00, il téléphone à Ledoinec pour le stage. Mercredi, à 13 h 00, il déjeune avec sa mère. Jeudi, à 15 h 00, il va à l'université. À 23 h 00, il va au concert de jazz au Blue Morning. Vendredi, à 10 h 00, il fait du bricolage chez ses parents. À 21 h 00, il regarde Inspecteur Maigret à la télé.

11 *unterstrichen:* Je rencontre des gens adorables ici et j'ai des amis très drôles ! ; [...] des grands arbres. ; [...] aux échecs avec mon frère. ; [...] C'est génial. Le professeur est très sympa. ; [...] allongée sur une chaise longue. ; [...] Je suis en plein forme.

Unité 6

1 1. jambon ; 2. boulangerie ; 3. bananes ; 4. marché ; 5. pâtes ; 6. pain ; 7. désirez ; 8. pot ; 9. fraise ; 10. argent

2 1. le miel ; 2. je propose ; 3. la cathédrale ; 4. ça va

3 *boulangerie :* pain, biscuits, croissants, gâteaux ; *boucherie-charcuterie :* poulet, jambon, viande, pâté ; *fruits et légumes:* carottes, tomates, pommes, courgettes, champignons, fraises, bananes ; *boissons :* pastis, limonade, bière, vin, jus de fruits ; *crèmerie :* crème fraîche, beurre, œufs, fromage, lait

4 1. achète, préfère ; 2. achètent ; 3. préfèrent ; 4. achetons ; 5. préfères ; 6. achetez, préférez ; 7. achète, préfère ; 8. préférons ; 9. achètes

Rappel
préférer, Unité 5, S. 66 ; *Repères* S. 72 ; Grammatik S. 182

5 1. du, du, des, de, de ; 2. des, des, des, du, du, du ; 3. des, du, de ; 4. de la, des, des, du, des, des, de la

6 1. Non, Pierre ne prend pas de thé. Il prend du café, du pain et de la confiture.
2. Non, Dieter ne mange pas de croissants. Il mange des fruits et des œufs.
3. Non, ce soir, à table, nous n'avons pas de poisson. Nous avons de la salade, du poulet et des tomates.

7 6 ; 3 ; 7 ; 4 ; 9 ; 2 ; 1 ; 5 ; 8

8 *Lösungsvorschlag:* Est-ce que tu aimes les films policiers ? ; Qu'est-ce que tu aimes faire le dimanche ? ; Est-ce que vous faites du sport ? ; Qu'est-ce que vous faites pour les vacances ? ; Qu'est-ce que vous faites dans la vie ? ; Est-ce que tu aimes jouer aux cartes ?

9 1. V ; 2. F ; 3. V ; 4. V ; 5. F ; 6. F

Pour approfondir 3

2 1. a ; 2. a ; 3. b ; 4. b

3 1. vas, achètes, préfères ; 2. achètent, mangent ; 3. mangez, vais ; 4. mangeons

4 1. de l', des, de la, du ; 2. de ; 3. de, du

5 1. k, n ; 2. e ; 3. i ; 4. g, o ; 5. j ; 6. b ; 7. c, d ; 8. f ; 9. h, m ; 10. a ; 11. l

Unité 7

1 *waagerecht:* gare (f.), banque (f.), cinéma (m.), théâtre (m.), école (f.), poste (f.), parking (m.) ; *senkrecht:* piscine (f.), supermarché (m.), parc (m.), rue (f.), musée (m.), église (f.), café (m.), hôtel de ville (m.)

2 b ; d ; e ; g ; i ; l ; m ; p ; r ; t

3 1. F ; 2. F ; 3. V ; 4. V ; 5. F ; 6. V ; 7. V ; 8. V ; 9. F

4 1. Quelle ; 2. Quels ; 3. Quel ; 4. quelle ; 5. quelles ; 6. Quel ; 7. quelle ; 8. Quels

5 1. le, l'; 2. la; 3. du; 4. de la; l'; 5. du, la; 6. de la

Rappel
Der zusammengezogene Artikel mit *de: Unité* 5, S. 64; *Repères* S. 72; Grammatik S. 173

6 1. nous; 2. moi; 3. eux; 4. lui; 5. vous; 6. elles; 7. elle; 8. toi; 9. moi

7 1. Vous allez tout droit jusqu'au cinéma.;
2. Vous tournez à gauche, puis à droite.;
3. Vous continuez jusqu'au musée et vous prenez le quai de la Loire.;
4. Vous passez devant l'hôtel de ville et vous traversez la place.

Rappel
Der zusammengezogene Artikel mit *à: Unité* 5, S. 66; *Repères* S. 72; Grammatik S. 173

8 1. d; 2. b; 3. f; 4. c; 5. a

9 *Lösungsvorschlag:*
Cabinet du Docteur Roublot, bonjour.
Bonjour. Je voudrais un rendez-vous, s'il vous plaît.
Aujourd'hui, à 16 h 20, ça vous va?
Je suis désolé(e) mais aujourd'hui, je ne peux pas. Je préfère demain ou vendredi.
Demain, à 9 heures?
D'accord, c'est très bien. Demain, à neuf heures.
Comment vous vous appelez? (Quel est votre nom? Vous êtes monsieur/madame?)
Je m'appelle/Je suis monsieur/madame/mademoiselle...
Merci. Au revoir.

Unité 8

1 1. voiture; 2. voir; 3. rez-de-chaussée; 4. unique; 5. pacsé; 6. naissance; a. moderne; b. entend; c. cousine; d. vivons; e. refait; f. pièces; g. campagne

2 1. f: les toilettes; 2. b: la cuisine; 3. g: la salle à manger; 4. d: le bureau; 5. a: le salon; 6. c: la chambre; 7. e: le grenier; 8. h: la salle de bain

3 1. tes, ton, ta; 2. vos, votre; 3. son, son; 4. leurs, leurs, leur; 5. mon, mon, mes; 6. notre, nos

Rappel
Vor einem femininen Nomen, das mit Vokal beginnt, verwendet man *mon, ton* oder *son*.

4 1. a visité; 2. ai adoré; 3. a mangé; 4. ai acheté; 5. avons marché; 6. avons fait; 7. avons dîné; 8. ai trouvé

5 *préférer*: tu préfères, il préfère, vous préférez, ils préfèrent; *aller*: je vais, tu vas, il va, nous allons; *voir*: je vois, il voit, vous voyez, ils voient; *acheter*: j'achète, tu achètes, nous achetons, vous achetez, ils achètent; *vivre*: tu vis, il vit, nous vivons, vous vivez

Rappel
Besonderheiten einiger Verben auf *-er*
aller, Unité 5, S. 67; *Repères* S. 72; Grammatik S. 181
préférer, Unité 5, S. 66; *Repères* S. 72; Grammatik S. 182
acheter, Unité 6, S. 74; *Repères* S. 82; Grammatik S. 182

6 1. g, C; 2. c, F; 3. a, A; 4. d, B; 5. b, D; 6. e, G; 7. h, E

Rappel
Die Teilfrage, Grammatik S. 186

7 1. F; 2. F; 3. V; 4. V; 5. F; 6. F

8 1. b; 2. a; 3. c

Pour approfondir 4

4 1. ses; 2. leur; 3. ma; 4. Toi; 5. eux; 6. quelles

5 1. vivons, vis; 2. voient; 3. voyons

6 1. avez acheté, a aménagé, a gardé; 2. avez refait, avons acheté

7 1. i; 2. f, m; 3. j; 4. c; 5. n; 6. g; 7. k; 8. a, l; 9. h; 10. o; 11. d; 12. b; 13. e

Unité 9

1 réservation ; bagages ; réception ; buffet ; chambre simple ; minibar ; note ; prise Internet ; prix ; parking ; séjour ; grand lit ; petit-déjeuner ; ascenseur ; *Nachricht:* Passez une bonne nuit !

Rappel
Bagages wird meistens im Plural verwendet.

2 1. ... c'est le quatorze février. ; 2. ... c'est le quatorze juillet. ; 3. ... c'est le huit mars. ; 4. ... c'est le premier mai. ; 5. ... c'est le trente avril. ; 6. ... c'est le vingt et un juin. ; 7. ... c'est le premier août.

3 1. a ; 2. a, b ; 3. a ; 4. a ; 5. b

4 1. Non, on ne le visite pas aujourd'hui. ; 2. Oui, je la montre à nos invités. ; 3. Oui, on la prend pour aller sur le port. ; 4. Non, elle ne les laisse pas jouer dans la rue. ; 5. Oui, ils le servent encore à 22 heures. ; 8. Non, nous ne l'avons pas trouvé.

5 coûté ; allé ; servi ; parti ; venu ; eu ; vu ; fait ; été ; pris ; cherché ; dîné

Rappel
Partizip Perfekt der Verben auf *-er* : *Unité* 8, S. 103 ; *Repères*, S. 108 ; Grammatik S. 183

6 *être* : rentrer ; arriver ; venir ; partir
avoir : voir ; marcher ; faire ; avoir ; goûter ; manger ; adorer ; trouver

Rappel
Einige Verben bilden das *passé composé* mit *être* (Grammatik S. 183). Sie kennen schon: *venir, arriver, entrer, passer, partir* und *aller.* Es sind Verben der Bewegungsrichtung. Verben der Bewegungsart bilden im Gegensatz zum Deutschen das *passé composé* mit *avoir.*

7 1. a eu ; 2. a fait ; 3. sont partis ; 4. sont arrivés ; 5. a trouvé ; 6. ont marché ; 7. ont mangé ; 8. a goûté ; 9. a adoré ; 10. ont vu ; 11. sont rentrés ; 12. sont venues

8 *employé:*
1. Nous avons encore une chambre double pour soixante-quinze euros.
2. Laissez vos bagages ici, nous les montons dans votre chambre.
6. Désolé, nous ne prenons pas les cartes de crédit.
7. Les chambres donnent sur la cour : elles sont très calmes.

touriste:
3. Nous voulons réserver une chambre pour deux personnes et pour trois nuits.
4. On peut garer la voiture devant l'hôtel ?
5. Nous avons passé un très bon séjour !

9 Samedi, il a fait les courses. Il a oublié sa carte de crédit. ; Dimanche, il a plu. Il n'a pas fait de promenade. Il est parti de Cannes et rentré chez lui.

10 1. Non, il est en Bretagne. ; 2. Non, pour un groupe de quatre personnes. ; 3. Non, elles sont à l'étage. ; 4. Non, on peut visiter Port-Louis et Lorient. ; 5. Non, elle coûte 500 euros avec le petit-déjeuner.

Unité 10

1 1. point ; 2. soif ; 3. goutte ; 4. maîtresse ; 5. buffet ; 6. morceau ; 7. cidre ; 8. entrée ; 9. joyeux ; *Lösungswort:* pourboire

2 1. g ; 2. c ; 3. h ; 4. f ; 5. d ; 6. a ; 7. b ; 8. e

3 *choisir:* nous choisissons ; *grossir:* je grossis ; *servir* : je sers ; *partir* : nous partons

Rappel
partir und *servir* : *Unité* 9, S. 114, 115 ; *Repères* S. 122 ; Grammatik S. 195

4 1. sert ; 2. choisit ; 3. choisissez ; 4. grossis ; 5. grossissez ; 6. part ; 7. partent

5 *Lösungsvorschlag* : J'attends un ami devant la mairie. ; Tu dois téléphoner à la banque. ; On comprend le film en anglais. ; Nous comprenons la philosophie d'Emmanuel Kant.; Vous attendez le bus à cinq heures.; Elles doivent payer les boissons.

Rappel
comprendre wie *prendre, Unité* 2, S. 24; *Repères* S. 32; Grammatik S. 195

6 1. d; 2. b; 3. c; 4. e; 5. a

Rappel
Die direkten Objektpronomen *le, la, les, l', Unité* 9, S. 115; *Repères* S. 122; Grammatik S. 177

7 1. Oui, nous leur avons téléphoné.; 2. Non, je ne le trouve pas intéressant.; 3. Oui, je les aime.; 4. Oui, il lui a demandé le chemin.

8 1. s'; se; 2. m'; 3. vous; 4. nous; 5. t'; 6. s'

Rappel
Die reflexiven Verben in der 3. Person, *Unité* 8, S. 100; *Repères* S. 108; Grammatik S. 177

9 1. a; 2. b, c; 3. a, c; 4. c; 5. b

10 1. ... mais les Lemoine ont refusé.; 2. ... mais un éléphant, c'est énorme.; 3. ... mais la quiche est salée.; 4. ... mais Jean-Benoît a bu une goutte de vin.; 5. ... mais je suis satisfait du dessert.

Rappel
Die Angleichung des Adjektivs, *Unité* 4, S. 50; *Repères* S. 58; Grammatik S. 179

11 1. non («association»); 2. non («un programme [...] pour les professeurs de cuisine»); 3. non («deux ou trois petites gouttes font une énorme différence»); 4. oui («en mayonnaise avec des œufs, des crudités ou des crevettes»); 5. oui («en glace»)

Pour approfondir 5

1 1.

2 1. a; 2. c; 3. b; 4. c

3 1. partent, connaissent; 2. attendez, dois; 3. choisis

4 1. l', lui; 2. leur; 3. le; 4. la

5 1. êtes allés, avez visité; 2. est venue; 3. avez pris, avez mangé

6 1. c, j, o; 2. l, m; 3. b, h, g; 4. e; 5. a; 6. d, i, n; 7. f; 8. k

Unité 11

1 1. lunettes (f.); 2. chapeau (m.); 3. chemise (f.); 4. espadrilles (f.); 5. maillot de bain (m.); 6. jupe (f.); 7. veste (f.); 8. pantalon (m.); 9. chaussures (f.); 10. robe (f.)

2 1. jaune, bleu; 2. vert, jaune, rouge; 3. rouge, blanc; 4. bleu, noir, jaune, vert

3 Claude prend une chemise blanche, un pantalon jaune, un short vert et des espadrilles bleues.; Nicole prend une robe rose, une jupe rouge, des t-shirts blancs et des sandales noires.

4 1. b; 2. b; 3. b; 4. a; 5. a; 6. a; 7. b

5 allons partir; va profiter; vais faire; vas accueillir; vont venir; allez voir

Rappel
aller, Unité 5, S. 67; *Repères* S. 72; Grammatik S. 181

6 1. mets; 2. mettez; 3. mettons; 4. mettent; 5. mets; 6. met

7 À Paris, il y a un orage.; À Mulhouse, il neige.; Dans le centre de la France, il y a des nuages.; Dans le nord, il pleut.; Dans le sud-est, il y a du soleil.; En Bretagne, il y a du vent.; Sur la côte atlantique, il fait froid.

8 1. d; 2. c; 3. b; 4. e; 5. a

9 1. f; 2. a; 3. b; 4. e; 5. c; 6. d

Unité 12

1 1. a A ; b C ; c B
2. a C ; b A ; c B
3. a B ; b A ; c C

2 *les transports :* la ligne de RER, le vélo, le plan de métro, le tram, les autos, à pied ;
les monuments : la basilique, l'obélisque, la pyramide, l'église ;
les artistes : l'écrivain, le peintre, le musicien, le poète

3 1. Est-ce que vous avez acheté un plan de la ville ? ; 2. Où est-ce qu'on prend le bus ? ;
3. Comment est-ce qu'ils vont à la basilique ? ;
4. Quand est-ce que les musées sont fermés ? ;
5. Qu'est-ce que tu vas visiter à Paris ?

4 1. dites ; 2. perd ; 3. disent ; 4. découvrent, perdent ; 5. découvrons ; 6. découvre, dit

Rappel
perdre wie *attendre, Unité 10,* S. 127, Konjugation der Verben auf *-re,* Grammatik S. 194, 195

5 1. a découvert ; 2. (j')ai choisi, a pris ; 3. a voulu, n'a pas trouvé ; 4. a dit, (l')ai oublié ;
5. a téléphoné, ont regardé, n'ont rien vu ;
6. a dit, (l')ai perdu, (l')a volé ; 7. est allé(e)s

Rappel
Partizip Perfekt: Grammatik S. 183

6 5 ; 4 ; 1 ; 8 ; 2 ; 6 ; 7 ; 3

7 1. c ; 2. a ; 3. d ; 4. b

8 1. La circulation et l'organisation des transports deviennent problématiques.
2. Rapidement, les Parisiens s'habituent à ce mode de transport.
3. Elle frappe par la modernité de sa technologie.
4. Vous découvrez des noms de stations plutôt mystérieux.
5. [...] construites pour agrandir le réseau, mais finalement jamais ouvertes.

Pour approfondir 6

1 1 ; 3 ; 4 ; 7 ; 8

2 On visite une plage. ; On dort dans un hôtel. ; On reste sur les terrasses. ; On boit du vin blanc. ; On fait des photos.

4 ne va pas faire ; va aller ; vais acheter ; vas voir ; allons passer

5 1. découvrent, disent ; 2. mets ; 3. dit, découvre

6 1. a ; 2. b ; 3. a ; 4. b ; 5. b

7 1. g ; 2. f, j ; 3. d, i ; 4. a, b, l, n ; 5. c ; 6. e ;
7. h, k ; 8. m, o

Quellen

Bildquellen

Cover oben: © Corbis, T. Pannell; unten: © panthermedia, Dominik S. | **S. 4** © mauritius images/Danita Delimont | **S. 6** 1: © mauritius images/André Pöhlmann; 2: © iStockphoto/Olaf Bender | **S. 8** © Fotolia/Yuri Arcurs | **S. 9** © iStockphoto/Nicholas Monu | **S. 11** © iStockphoto/ooyoo | **S. 14** © rédaction de MontBouge | **S. 16** 1: © iStock; 2: © Fotolia; 3: © iStock; 4: © iStock | **S. 20** 1: © mauritius images/Phovoir; 2: © iStockphoto/Aldo Murillo; 3: © iStockphoto/AVTG; 4: © iStockphoto/Brandon Smith; 5: © Fotolia/Uolir; 6: © Fotolia/Patrizia Tilly; 7: © Fotolia/Olivier CAENEN; 8: © iStockphoto/ZoneCreative | **S. 23** 1: © picture-alliance; 2: © picture-alliance/Christophe Karaba; 3: © ullstein bild/Brill | **S. 26** 1: © iStockphoto/Christophe Schmid; 2: © Fotolia/searagen | **S. 27** 3: © iStockphoto/Geoffrey M. R. Hammond; 4: © shutterstock/Michelangelo Gratton | **S. 31** 1: © Fotolia/RoJo Images; 2: © Fotolia/Tomboy2290; 3: © iStockphoto/Floortje; 4: © Fotolia/rimglow | **S. 33** © Cornelsen Verlag/Schmidt | **S. 34** 1: © Fotolia/Richard Villalon; 2: © Cornelsen Verlag/Robein | **S. 36** 1: © Wikipedia/Stephanemartin; 2: © Cornelsen Verlag/Robein | **S. 37** © Fotolia/contrastwerkstatt | **S. 40** a: © iStockphoto/Scott Dunlap; b: © iStockphoto/Alex Slobodkin; c: © iStockphoto/Knud Nielsen; d: © iStockphoto/e_rasmus; e: © iStockphoto/Peter ten Broecke; f: © iStockphoto/Travis Pacheco; g: © Fotolia/Phototom; h: © Fotolia/Elvira Schäfer | **S. 42** © iStockphoto/Crisma | **S. 49** © www.pharedekerbel.com, Yves Lamour | **S. 50** a: © Fotolia/Massimiliano Pieraccini; b: © Fotolia/Victor Burnside; c: © Fotolia/Werg; d: © Fotolia/photoGrapHie; e: © Fotolia/Helen Batenko; f: © Fotolia/Alen-D; g: © Fotolia/ Comugnero Silvana; h: © iStockphoto/Ian Nixon | **S. 53** © Fotolia/Liv friis-larsen | **S. 56** 1.1: © Fotolia/musk; 1.2: © Fotolia/kleineFlora; 1.3: © iStockphoto/Jitalia17; 1.4: © iStockphoto/luxxtek; 1.5: © iStockphoto/Kevin Hewitt; 1.6: © Fotolia/Leonid Nyshko; 1.7: © Fotolia/Stocksnapper; 1.8: © Fotolia/SyB; 1.9: © Fotolia/Andrey Armyagov; 1.10: © iStockphoto/largeformat4x5; 2.1: © Wikipedia/gemeinfrei; 2.2: © Wikipedia/gemeinfrei; 2.3: © Wikipedia/gemeinfrei; 2.4: © Wikipedia/GNU | **S. 58** © Cornelsen Verlag/Dr. V. Binder | **S. 63** a: © Getty Images/Roger Viollet; b: © Wikipedia/GNU; c: © Wikipedia/gemeinfrei; d: © Wikipedia/GNU

Textquellen

S. 64 © P.O.L. Éditeur, Paris 1983, Leslie Kaplan: *Le livre des ciels*.

In Übung bleiben …

… ist das Erfolgsrezept gewiefter Könner. Hier empfehlen wir Ihnen Materialien für Ihr persönliches Französisch-Fitness-Training zu Hause, abgestimmt auf *Perspectives · Neue Ausgabe.*

Lextra Französisch · Lerngrammatik
Europäischer Referenzrahmen: A1–C1
Zum Nachschlagen, Lernen und Üben. Alle Strukturen bis zum Niveau C1 werden in einfacher Sprache erläutert. Zu jedem Kapitel gibt es einen Übungsteil, in dem das Gelernte angewendet und überprüft wird.

368 Seiten, Festeinband
Grammatik mit Übungs-CD-ROM
ISBN 978-3-589-22265-0 24,95 €
Grammatik ohne Übungs-CD-ROM
ISBN 978-3-589-22448-7 19,95 €

Lextra Französisch · Verblexikon
Europäischer Referenzrahmen: A1–B2

- Kleine Grammatik der Verben
- 86 komplett durchkonjugierte Musterverben
- Beispielsätze und Redewendungen
- 5.000 Verben mit Verweis auf das Konjugationsmuster und Angaben wichtiger Präpositionen.

424 Seiten, kartoniert
ISBN 978-3-589-01833-8 9,95 €

Lextra Französisch
Grund- und Aufbauwortschatz
Europäischer Referenzrahmen: A1–B2
Das zweisprachige Lernwörterbuch ist ein effizientes Werkzeug für alle, die ihren Wortschatz auffrischen oder erweitern wollen bzw. sich auf Prüfungen vorbereiten.

224 Seiten, Festeinband
ISBN 978-3-589-01565-8 14,95 €

Lextra Französisch
Grundwortschatz Übungsbuch
Europäischer Referenzrahmen: A1–B1
Das Übungsbuch unterstützt den gezielten und nachhaltigen Aufbau des Wortschatzes.

148 Seiten, kartoniert
ISBN 978-3-589-01566-5 13,95 €

Lextra Großes Themenwörterbuch Französisch-Deutsch
Europäischer Referenzrahmen: A1–B2
Dieser illustrierte Alltagswortschatz mit rund 20000 Stichwörtern und Wendungen ist nach Sachgebieten geordnet und hilft, die Sprache je nach Situation richtig einzusetzen.

472 Seiten, Festeinband
ISBN 978-3-589-01541-2 19,95 €

Im Buchhandel erhältlich.
◇ = Unverbindliche Preisempfehlung
Stand der Preise 01.07.2010.

Cornelsen Verlag • 14328 Berlin
www.cornelsen.de

Willkommen in der Welt des Lernens

Cornelsen